U0135257

心途

王阳明的传奇人生

XINTU
WANGYANGMINGDE
CHUANQIRENSHENG

李 克◎著

北京燕山出版社

图书在版编目（CIP）数据

心途：王阳明的传奇人生／李克著. —北京：
北京燕山出版社，2017. 1
ISBN 978-7-5402-3721-9

Ⅰ. ①心… Ⅱ. ①李… Ⅲ. ①王守仁（1472-1528）
-传记 Ⅳ. ①B248.2

中国版本图书馆 CIP 数据核字（2017）第 020122 号

心途：王阳明的传奇人生

作　者	李　克
责任编辑	王　迪
设　计	张合涛
责任校对	史小东
出版发行	北京燕山出版社
地　址	北京市西城区陶然亭路 53 号
电　话	010-65243837
邮　编	100054
印　刷	河北飞鸿印刷有限责任公司
开　本	710mm×1000mm　1/16
字　数	185 千字
印　张	16.75
版　次	2017 年 3 月第 1 版
印　次	2024 年 1 月第 3 次印刷
定　价	58.00 元

序

　　人一生的旅程不过是一道心途。

　　从稚嫩到成熟、从躁动到寂静，就是这条心途上的风景。世界没有变，变的只是这颗心。身外之物在流转迁变，升沉荣辱在不断转换，一切都在变，只有这颗心，却越来越沉寂笃定、趋于永恒。

　　每个人心中都有一个王阳明。

　　每个人心中都有一个不一样的王阳明。

　　由于"王阳明热"，时下的王阳明传记也不少，看后往往让人感到，这写的与其说是王阳明，不如说写的是现代人精神的彷徨和迷惘，迎合的是现代人精神皈依的缺失。而真正的王阳明是什么样的人，他的所作所为、所思所想对社会和人生有着什么样恒久的指引意义，他在中国雄厚的传统思想积淀中的定位如何，却反为人们所忽略。

这就有点像过往乃至时下流行的心灵鸡汤，食之有味、激起一时的莫名感奋，却终不能解腹鸣之饥；又像是一种虚弱的精神呐喊，其声如雷，却难有空谷中的回响。

单从王阳明对后世造成的影响来看，人们加诸他身上的，例如曾国藩、毛泽东、蒋介石等领袖人物非同一般的垂青，章太炎等著名思想家的推崇，再例如日本人在近代以阳明思想造就明治维新的一跃而强大。这足见王阳明对于后人的启示之大，也使得阳明学成了中国近代以来的显学、热门。

现代人难以真正地解读王阳明和他的心学，除了时代背景变迁的原因，还有一个关键的原因，那就是视角和立场，或者说所站的高度。王阳明的心学在传统的中国主流思想中仍被归于儒家，但是，这确实是不足以概括他的思想境界的，就好像没见过飞机的人，只好称之为铁鸟，实则其非鸟非铁；另一方面，虽未能领略王阳明精神高度，但他的身份和功业又不能不让时人将他纳入主流体系，是故在他的当世后世，人们对其无以名之，只称之曰大儒。

王阳明的"心学"思想融合了儒释道三家之精髓，是当今社会的一剂解药。因为，真正的生活在内心。一切斗争皆是心战，内心的强大才是真的强大。解读王阳明传奇人生，领略心学之精妙，关注自己的心灵，就能修炼一颗强大的内心，在浮躁的社会中独享一份宁静，此心不动随机而动，获得内心的充实与幸福。

王阳明的心学何以产生巨大影响？在很大原因上是因为他的"事功"，也就是说，如果按照治国、平天下的标准来衡量，他是大大够格、符合主流治理秩序的评判标准的，除却他个人的哲思，他在实际的事务中为国家做出了巨大的贡献，这好像反过来印证了他的思想的价值一样，这样一来，他对于儒学的移花接木，也就变得让人们容忍了。

更何况，儒学在根本上并不否认佛、道思想，只不过，就像孔子说的，"神鬼之事，吾也难明"，"子不语"，不去说他就好了。而如果士大夫不在正式场合，例如国家大政方针的场合谈佛、论道，只在"业余文化生活"的范畴里谈论佛道境界，那不但不会被排斥，反而会被认为是有品位的表现。也就是说，佛道在古代士大夫的个人修养和精神领域中是完全合情、合理、合法，乃至于谈禅论道是被视作高明和高雅、受到推崇的。此外，且不要说佛教最核心的"自净其意"理念，单是前面的"诸恶莫做，众善奉行"的高标，就足以让其得到一个正常社会中人们的认可。

看王阳明的一生，他当然先受到的是很深的儒学熏陶，在他的生命历程中，他先在儒学的思想底蕴之上进一步找寻自己的世界观、做事业的方法论和指南，而后在这个基础上，又不断地进行人生感悟，做出自己的独到创新。

他并没有对儒学进行扬弃或否定之否定，因为他的思索和感悟在于另外一个层面。举个例子，造汽车的专家研究的是，汽车怎么能省油、快跑，而王阳明先生买了一辆私家车，他研究怎么能提高驾驶技术，从而达到省油、快跑的目的。从这个角度来说，又可以说他的思索和光辉与传统儒家不违背，但他在儒家这个旧瓶里装入了新酒。

王阳明的热，事实上也延续了近代以来中国人为了应对内忧外患而从古代的传统文化中寻找精神指引和方法论的一个典型。

从这个意义上说，王阳明和曾国藩可以对照来看。为什么曾国藩的影响力要比王阳明差一些？曾国藩只不过是一个传统的忠实践行者，而他所维系的秩序也已经落后于时代，不足以强国御辱、解救民族的现实危机。而王阳明在方法论上是做出了创举的，在一定程度上是跳出了传统儒学的格局的，这样一来，王阳明的境界就大大不一样了。

就治国理政而言，抛开政治的因素，站在文化的角度来说，不同的民族有不同的性格，不同的国家有不同的哲学，也因此有着不同的方法论、具体的行事方式。可以说，任何一个世界上强大的民族或国家，其性格都是鲜明的，也都有一套内外治理的艺术。站在这个层面来说，来探讨王阳明就很有些意思了。

让我们跟随自己的心，一起踏上一代心学大儒王阳明的心途。

目　录

序 章
圣贤是干什么吃的？

君子不器

后人曾这样评价王阳明的先辈、至圣先师孔子孔圣人，"天不生仲尼，万古如长夜"。

为什么没有圣贤，就会万古如长夜呢？经历了中国近代一波又一波造神运动的人们会不由主地去想，这是不是造神，无限神话一个普通人、把个人的作用推向神坛，从而达到某些毫不神圣、毫不伟光正的目的呢？

此外，圣贤既不拉动 GDP 增长，不创造财富，天天在坐而论道、摆出一付高姿态教训别人，那他的用处何在呢？再换个问题就是，圣贤以教圣贤的那些说教到底能不能当饭吃？

答案是，能。

因为圣贤是告诉你应该怎样耕作、怎样分配食品、怎样吃得健康的那个人。如果说人类的社会还能有一种积极、健康的运转，我们可以想象，它绝非是出乎人们的自然性本能。原因很简单，狼群、象群、牛群，都是出乎自然本能而在大自然中存活，却没法与人群的力量相提并论，没法与人类社会的力量相提并论。因为人类的强大远远超乎它们。

这种强大的源头来自哪里？来自精神的力量，来自正确运用自己的心智。圣贤就是告诉你，应该怎样正确运用心智的那个人，就是制定人和人应该遵循什么的交往规则、礼仪道德才能构建有力的整体的人，圣贤是制定合理化的社会运行规则的那个人。

举个不太恰当的例子，也就好像车水马龙的北京大马路上，制定了交通规则的那个人。我们可以想象一下，一个没有交规的马路上，人人都急着只顾自己赶路、不顾他人死活，那整个大北京从西直门到德胜门到六里桥就堵成了一锅粥，这时将会是怎样一个混乱的场景？

有一句著名的话叫，"君子不器"。

说直白一点，意思是君子不干有实际用途的事。要是照现代人的思维，这不是无所事事的废物吗？白吃白喝、思维一些玄之又玄、屁用不顶的问题。当你碰到这种思维的人的时候，最好抱以礼貌的微笑，说，嗯，您说得有道理。

"君子不器"指的是什么？以上面大马路上的车水马龙为例。"君子不器"是说，君子不要当路上开车的司机，满世界拉着优步、滴滴快车，享受"互联网＋"新经济带来的收入，为了自己的生计而奔波。君子不要干这些，君子干什么？君子的职责是，怎么制定合理的规则，能上马路上车行顺畅。例如，君子提倡道德，使人人懂得礼让，见了红绿灯要遵守，使整个交通网络通行无阻。

这时候请你说一说，能否用一个优步司机的价值，来与制定合理有效的交通规则的人的价值来相提并论、相较而言呢？

还不仅如此，在制订了规则的同时，君子向群众宣讲五讲四美、八荣八耻，提高大家的道德修养，不仅仅使人们因为惧怕法律的惩罚而不敢于作奸犯科，更使人人以知礼守节、懂得关怀他人为荣，这样以来，人们在主观上不仅仅因为怕车子被罚分而不闯红绿灯，还主动地替他人着想、顾及他人的安全，也愿意礼让行人了，这样，社会势必将更加融洽、和谐、强大。

君子干的事还不止乎此。

君子还要起到表率作用。君子不仅仅把心怀大我才能更好地利及小我的道理告诉大家，还身体力行、率先示范，率先尊老扶幼、忠孝节义、重义轻利，等等，潜移默化地以人格力量感染身边的人，现身说法、以身作责的影响身边的人，渐渐提高自身的修养。

这就是奉行圣贤之教的君子。

这样一来，表面看起来君子实际上不见得做了什么轰轰烈烈的事，因为他做生意不一定比别人赚钱猛、在职场上不一定爬得快、该下岗的时候他也下岗吃不上饭。但他对社会的影响往往是无形的、作用往往是隐性的，他是社会运转的润滑剂、人世间种种矛盾的化解者。

看到这里你会想，哎呀，这真是只有那些不管吃喝、不食人烟的超人才干的事，这得有多高尚的品德才干得了这事？咱真的干不了，我只想顾好我家的二亩三分地、老婆孩子热炕头。

但是，这个时候你至少知道一点点君子、圣贤是干什么用的了，除了拉动 GDP 外，你多多少少少知道一点圣贤的好处了。而且，在传统社会的知识精英中，做圣贤，大概就是他们所能意想到的最高的精神追求。

这时，我们再反过头来看"天不生仲尼，万古如长夜"这句话。为什么有这个话呢？

因为孔子发明了最符合人们心智的行为规范，最切中当时社会的毛病，最能治疗当时人类社会的问题，最启发人们正确运用自己的心智，解决自己的人生以及社会的问题。如果没有心光、精神之光、道德之光照亮人类，那么就"万古如长夜"，因为人们的人格将缺少升华，心地上缺少那一线灵光，就和禽兽无异。

当我们在"民日用而不知"的平常生活中，无形中已经享受了圣贤给我们带来的无尽好处时，对此，我们会不会也生起了一些感激呢？

我小的时候，常听我的父亲说一句话，"圣贤就不会胡说！"

几十年来我常想，他是以他几十年的人生实践、以他朴素的话语，表达了圣贤之于人及人生的价值。或许圣贤还带给我们了许多司空见惯、习以为常、早已不惊不怪的好处，就像我们天天生活在空气和阳光中，早已忽略它们的作用一样。那就让我们在这平常、平淡的小生活中，多一份感怀吧。

当圣贤的门槛和成本

当圣贤有没有门槛，需要什么成本？

　　粗略地说起来，当圣贤的门槛和成本，恰恰和广大人民群众的衣食住行、生老病死的成本是差不多的。为什么呢？因为当圣贤也不过只需要一天三顿饭、睡觉一张床而已。还因为，当圣贤关键于在心地的转变，而不是外在的改变。换句话说，看你肯不肯，而不存在能不能的问题。问题就在于，心地的转变、世界观的陡转和飞跃是世上最难的事。

　　从本书的主角王阳明先生的出身来看，他生于书香之第、状元之家，这种家庭给了他追求超然精神的经济基础，使他能不为房贷、月供操心，专事于超然的精神领域，也给了他无形的精神熏陶，奠定了他的精神追求将会有着异于常人的可能性。当然，这也并非是定律，只不过有利于把这个问题解释清楚。有很多历史上的古圣先贤出身低下，这样的例子也是不胜枚举的。可见当圣贤没有外在的门槛。

　　那么当圣贤有木有内在的门槛呢？同样没有。这里就要引出王阳明先生那句著名的话，"人人皆可为圣贤"，但看愿意不愿意去做。

人人皆可为圣贤

　　中国是一个空前崇尚平等的民族。

　　何以见得？与另一个文明古国印度作比，世人皆知的是，印度自古以来有着严格的种姓制度，即使在步入现代社会的今天，种族制度仍然影响巨大。在这样的社会中，自打一出生，你的社会等级和地位、在社会上被尊崇的程度就被注定了，一生之中不可能翻身。那么引领人类进入现代文明的西方社会呢？实际上西方文明自古以来也有着严格的贵族等级制度，直到今天在事实上也仍然如此。生在中国的人，你能想象吗？

而中国社会的传统不是这样。

在中国传统社会中，即使是社会最高、最有力的角色——"皇帝"，在那些市井小儿的口中也会说"皇帝轮流作，今年到我家"。这是什么样的平等和胸怀？即使天子很神圣，他照样可以被别人取代，取代他的这个人可能来自世胄大家，也可能出身草根平民。这一点与日本，乃至于与西方社会相比，都是一种博大的平等精神。

中国社会在自古就形成了空前平等的"科举取士"制度。在市井社会中，当然也往往是以财富、权位看待一个人，问题就在于，中国社会的上下层流通渠道是极为畅通的，给了任何人进入上层社会的机会。中国的科举制度还执行的极为严格，可以说科举面前人人平等，而且是一种空前的平等。拉关系、看背景、拼爹的现象虽然存在，但在中国人的主流意识却总是被鄙夷，被认为是不正当、上不了台面的事。所以中国社会自古以来是有活力的，只要勤奋努力，人人都享有"改变命运"的同等机会。这是圣贤给中华文明带来的又一样好处。

不仅仅如此，中国的古圣先贤告诉人们，人人都可以当圣贤、成为神一样的存在。

孔子很早就说过，"有教无类"（出自《论语·卫灵公》）。这话有两重含义。一是，不管什么人都可以受到教育。二是，人原本是"有类"的，比如有聪明的，有笨的；有贤能的，有鄙劣的。但通过教育，却可以消除这些差别，所谓"有教则无类"，不应该对受教育的对象区别对待。可见，"有教无类"是教育的结果，不是前提。

孔子本人有弟子三千，来自鲁、齐、晋、宋、陈、蔡、秦、楚等不同国度，这不仅打破了当时的国界，也打破了当时的夷夏之分。孔子吸收了被中原人视为"蛮夷之邦"的楚国人公孙龙和秦商入学，还欲居"九夷"施教。孔子弟子从家庭成份来看，有来自贵族阶层的，如南宫敬叔、司马牛、孟懿子；也有很多的是来自平民、贫下中农家庭，如颜回、曾参、闵子骞、仲弓、子路、子张、子夏、公冶长、子贡等。

孟子认为：人人皆可以为尧舜。荀子认为：途之人可以为禹（《荀子译注：性恶第二十三》）。此后，程朱理学的修身、齐家、治国、平天下给所有的志士指明了一条内圣外王之路。到陆王心学的"宇宙即是吾心，吾心就是宇宙"、"心即理，心外无物"，王阳明先生又曾直接指明，"人人皆可为圣贤"。

儒家圣贤的相似命运

提到古圣先贤这个词，我们脑中泛出的第一印象是什么？那无非是鹤发童颜、碧眼方瞳、长须若云、衣带飘飘、焕若仙人，眼神缥缈地了望着无尽远的远方，时不时语重心长地说一句，"孩纸，过度沉迷于网络游戏有损身心健康啊！"

这时有一个人跳了出来，cut！不要盗用我的光辉形象好不好？

这个人是老子。

为什么老子会有意见呢？因为我们这本书所要讲的是儒家历史上一位大大有名的圣贤人物，而老子是公认的道家的始祖。道家圣贤的形象和儒家是截然不同的，为什么呢？因为世界观不同，所以，精神面貌当然就不同。

相传老子的母亲怀了九九八十一年身孕，从腋下将他产出，老子一生下来就是白眉毛白胡子，故名老子。仅就这一点，就不太像一个儒家先贤的出身，因为很有些神异的色彩，而"子不语怪力乱神"，不搞迷信这一套！

据记载，当年儒家的至圣先师——孔子很恭敬地到周天子的都城所在地洛阳面见老子问礼，请教思想问题。这在《史记·老子韩非列传》《礼记·曾子问》《庄子》等古籍中均记载。看到孔子这样谦虚、这样孺子可教，这时，老子眼神缥缈地了望着无尽远的远方，语重心长地说了四个字："掊击尔智！"

老子的意思是说，孩纸啊，打消你那些世间的小聪明吧！

道家的主导理念是无为的。而孔子的思想是有为的，总想用人为的力量、人类的聪明才智把这个世界改造得更美好，使我们的社会更有秩序运行，更和平、和谐。但这在老子看来是不可能的。人类用自己的聪明才智，既会发明出电灯、手机、电脑，也会发明出原子弹、氢弹、精确制导炸弹。人类用才智解决了一个老的问题，新的问题马上又出现。

有一次，孔子在道旁碰到一个老人，他正费力里从河里取水。孔子说，您老为什么不在自己家的院子里打口井呢，这样以后取水不是很方便吗？老人听了，鄙夷地看着孔子说，你以为我不懂打井的方便吗？我是故意不这样做啊！如果我现在在这事上贪图方便，搞些小发明小创造，以后肯定还想在别的事上图方便。生活虽然便利了，但心地也就渐渐失去纯朴的本性了。

总之，道家认为社会不要进步，因为越进步越糟糕。外物越来越繁荣，但人的内心越来越杂乱、烦恼丛生、问题多多。

所以，道家圣贤的形象以老子为典型，概括起来就是"神龙见首不见尾"。老子晚年西行，在函谷关留下一部《道德经》，飘然出关而去不知所踪，潇洒地给茫然不知所措的世人和世界留下了一个酷酷的背影。

而儒家圣贤的积极有为的形象，以及多灾多磨的命运，则从孔子那个时候也就基本上注定了。释家著名的百丈怀海禅师有首谒，叫"幸为福田衣下僧，乾坤赢得一闲人。有缘即往无缘去，一任清风送白云"。而一个儒家圣贤的诞生，则意味着"乾坤赢得了一个大忙人"。

从孔子本人来看，他的一生就是操劳的一生。

孔子曾受业于老子，早年3岁丧父，17岁丧母，在仕途上时顺时逆，总体来讲是失意的。此后，他带领部分弟子穷游列国十四年，晚年修订六经。他在孜孜不倦传授自己言教的过程中，也遭受了很多重大的挫折和磨难。

例如孔子穷游列国时，比较主要的有三次大难。

第一次是公元前496年，过匡国时被困住。原因是孔子这不好那不好，偏偏长的很像一个叫阳货的人，而这个叫阳货的曾经欺负过匡人；偏偏匡人眼神不济，把孔子当成了阳货，便想对孔子进行打击报复。

第二次是在公元前492年，宋国的军阀司马桓魋想要杀掉孔子。当时，孔子正在大树下给弟子们讲学，这个司马桓魋派人来捣乱，叫人把树拉倒——这乱捣得多有诚意啊！孔子气愤地说："天生德于予，桓魋其如予何？"

也是在这一年，孔子过郑到陈国，在郑国都城中与弟子失散，独自在东门等候弟子来寻找，被看到的人嘲笑，称之为"累累若丧家之犬"。孔子乐呵呵地笑曰："然哉，然哉！"

第三次是公元前 489 年，孔子在穷游列国到了陈国的时候，半道上粮食吃光了，和一众弟子们都饿着肚子。孔子的弟子子路气得直跳脚，说："君子亦有穷乎？"意思是，君子就应该人见人爱、车见车载，怎么还会这么倒霉呢？

孔子教训他说："君子固穷，小人穷斯滥矣。"

意思是说，君子受穷怎么了？！君子和小人的区别并不在于君子总是六六大顺、小人总是祸不单行，而是，君子在穷困倒霉的时候，也同样能安于现状、安分守己，绝不会像小人一样在这个时候胡作非为而已，这才是区分和考验一个人是君子和小人的标准啊！

在孔子的一生中，他虽为贵族之后，但处处受到排挤；虽有治世之道，但没有用武之地。尤其晚年，先是丧子，然后丧徒。比他小 9 岁，一直与自己相依相伴的好弟子子路，也悲惨地死去。这样的事情，无论放到谁的身上，都是最最不幸的事情。

所以在后人们看来，孔子是光辉伟大的一生，但换个角度来看，又是吃苦受罪、倒霉透顶的一生。

然而，从孔子的内心来看，孔子又是幸福的。孔子虽然没有从政，但是他一直在影响着政治。有人问孔子，为什么不去当官。孔子说："施于有政，是亦为政，奚其为为政？"意思是，我把我的政治治理的思想和理念传播给那些当权者，让他们实施我的理念，这不就是曲线救国、间接从政了吗？所以虽然孔子没有当官，但是他依然实现了他治国的方法。孔子颠簸流离，有如丧家之犬。但是他的学生遍布天下，他的学生都在默默地尊奉着孔子、实践着孔子的理念，这又是别人所不能拥有的。

好了，我们再看看本书主角王阳明的遭遇，有没有点儿像是孔老前辈的翻版？

王阳明在"事功"、学术、教育方面成就的取得，也不是一帆风顺，而是历尽沧桑，吃了常人无法忍受的苦头。

王阳明在年青时刚入官场不久，因为仗义执言而遭刘谨的迫害，被重打四十廷杖，发配到贵州龙场。龙场缺衣少食，渺无人烟，连住的房屋都没有，王阳明差点挺不过去客死他乡。好容易挨过三年，刘谨死了，冤屈得以昭反，但平反之后也只当了江西庐陵县的一个小小知县。后来因为在战场上异常勇猛，谋略过人，才得以步步升迁。本想苦尽甘来，过两年平静的常人生活，享受人间天伦之乐，哪知又招来了许多人的嫉妒，屡屡遭人诬蔑。在打了大胜仗、解救了大明朝的重大危机而凯旋之后，部下不但得不到任何奖赏，还有人为此倾家荡产，冤死狱中，王阳明本人也曾经为此两年不得重用。直到晚年还呕心沥血，鞠躬尽瘁，死在平定叛乱的路上。

这些苦难对于常人来说，能顺利应付过去就已经很不简单了，而王阳明却应付自如，还著书立说，建立"事功"，这需要多么顽强的意志和灵活多样的处世技巧啊！

王阳明深受世人的爱戴。在嘉靖七年（1528 年）十一月，王阳明因肺病加重而亡时，全国上下都痛哭流涕，哀歌声震撼山谷，甚至有人要当场自刎，永远陪伴这位大师。

王阳明还勤勤恳恳、不知疲倦地教授弟子。上到宰相徐阶，下到普通的农夫、盐丁都是他忠实的学生，真可谓"桃李满天下"。在后世，王阳明的思想、学说更是渊远流长，深受后人的瞩目，研究他的学术的人更是不计其数。

其实，并不止上面列举的这些，我们还可以找出许多的共同点来。总之，两厢对照，可以说类似的世界观，也就导致了类似的面貌和命运。

再例如王阳明的另一个老前辈——著名理学家、大儒朱熹，不仅生平也经历了仕途起落，他的学说和王阳明一样，在生前影响很大，却被皇帝视作异端和邪说，横遭打击和迫害，直到死后才得以渐渐进入正统。

好了，有了这些话做铺垫，就让我们开始一起步入一代心学宗师王阳明的心途，一起来感受他的世界，一起来看一看一代儒家贤圣的养成记。

第一章
读书但为做圣贤

"雷人"皇帝碰到野心强藩，大明的危机

当我们提到心学大师王阳明，脑子里的第一印象是什么？是长须飘飘、焕若仙人的儒者，或是眉头紧锁的思考者，又或是道貌岸然、正襟危坐的长者？这些是我们对中国传统哲人的一种固有印象，但如果放在王阳明身上，这些都错了。

战阵上的王阳明偏偏是一位能轮刀上阵的武者，一位指挥若定、战无不克的将帅。换言之，他是一个文武全才、多面型人才。当深邃的幽思和卓越的武艺结合在同一个人身上，这确实是一件有意思的事。

话说在大明王朝正德六年（1511年），这一年，天下大旱，中国的土地上很多地方颗粒无收。人民生活苦不堪言，许多人家连米都没有，吃饭揭不开锅。这在靠天吃饭、以农业为主的自然经济的古代中国历史倒真不是罕见的事。正如我们知道的，人祸往往更猛烈于天灾，偏偏这时的大明朝皇帝明武宗是个什么样的皇帝呢？

说起这个明武宗，被史书上说成是一个以荒淫、尚兵、无赖、行事荒谬不经著称的"雷人"皇帝。一面是民间遍地悲饥号寒、饿殍遍野，他却整日只知在紫禁城的后宫里嬉戏享乐。当此灾年，朝廷不但不采取减轻农民负担的措施，反而加重地租、赋税。这真应了中国历史上的老话——官逼民反。

一时间，各地民变四起、此起彼伏。偏偏这一时期，由于天下承平已久，明王朝的军队久疏战阵，士卒懒散、毫无斗志，武器库里的刀枪上都起了锈。

史载，正德六年（1511年），江西瑞州华林山民罗光权、陈福一等率领山民起事，一举攻破瑞州城，江西震动，地方官惊惶万状，纷纷向中央告急。同年二月，明廷派陈金总制军务，统领南直隶、浙江、福建、广东、湖广五省官军前往镇压。经过几翻胜负往来，四千余人被杀，起义失败。同年，江西赣州大帽山何积钦率众暴起，借地势险要，不时集众攻掠州县。明廷命周南为南赣巡抚，围剿暴动队伍，至翌年五月，官军自江西、广东、福建三路进军包围乱民，先后攻克寨堡，杀五千余人，何积钦等首领被俘。同年五月，四川松潘绰岭寺僧发动农民起事，率众烧毁红花屯，指挥胡宁奉命征剿，被农民起义军俘虏。起义军并进据黄土坡山，杀千户史宽，总制洪钟请改巡视都御史高崇熙提督松潘军务，兼理巡抚，集结兵力，围歼起义军。不久起义失败。同年六月初五日，山西李华等率众起义，后与刘六、刘七等起义军相呼应，掠壶关县赵村，杀富户、济穷困，远近响应。沈王乞师，诏切责镇守、巡抚官，令军、卫有司拾官俱停俸，戴罪征剿起义军自赎。同年九月，广东农民三千余人啸集，由广东入江西，破永丰县，知县朱珊逃遁。起义军乘胜破乐安、新淦，俘参政赵士贤及知县。赵士贤吏走临江，索银赎还。明廷又敕陈金抽调两广土兵分道征剿。

人祸未止，天灾又来。这年五月初六日，北胜州（今永胜）地震，城西北面坍塌，倒塌民房计五千余间。十一月十二日，京师地震，保定、河间二府，蓟州及畿南八县、三卫同感地震，皆有声如雷，动摇居民房屋，霸州尤烈，三日之中地震十九次。山东武定州亦同日地震。

一时间，天下不稳。但这还不算什么，真正危及大明王朝根基的另一件大事这时正在酝酿当中。

就在这个时期，江西的一个藩王开始图谋不轨，这个藩王就是宁王朱宸濠。

朱宸濠本是明太祖朱元璋五世孙、当朝皇帝明武宗的表亲，他的曾祖父是鼎鼎大名拥有强大战斗力的"朵颜三卫"的宁王朱权。在明成祖朱棣发动"靖难之役"之初，曾利诱过宁王朱权，许诺夺取皇位后与他共治天下。可是朱棣登上帝位后，不仅对当初的承诺只字不提，反将朱权由河北封地改封江西南昌，并褫夺其全部兵权。朱权的玄孙朱宸濠一直愤懑于先祖的遭遇，加之当时的皇帝明武宗朱厚照昏聩，朱宸濠便觉得他为祖父"伸冤"的机会到了。

早在正德二年（1507 年），朱宸濠先后贿赂权倾一时的著名太监刘瑾及佞臣钱宁、伶人臧贤等人，恢复宁王一系已裁撤的护卫，畜养亡命，随意杀逐和幽禁地方文武官员，强夺官民田产动以万计，并劫掠商贾、窝藏盗贼，密谋起兵。又企图以己子入嗣武宗，取得皇位。另一方面野心勃勃的宁王每天闻鸡起舞、操练军队，他治军认真、奖罚分明，将士们也认真备战、丝毫不敢马虎，只等来日冲进皇宫，生擒明武宗。这一切的谋反的准备工作都在秘密地进行着，不敢走露半点儿风声，否则一旦败露，就会满门抄斩、株连九族。

斗转星移，时光飞逝，转眼之间八年已经过去。考虑周详、韬光养晦的宁王朱宸濠望着练兵场上训练有素、士气高涨的士兵，粮仓里屯积的数以万计的谷物，平日紧绷的脸上也露出了一丝笑容，脑海中不禁浮现出已坐上了皇帝的大位、正对着脚下成千上万毕恭毕敬的臣民威严地发号施令的场景，飘飘欲仙的美梦似乎已经成真。

这时，太监张忠、御史萧淮等先后告发朱宸濠之罪行，武宗因下旨收其护卫，令其归还所夺之田。而一切已准备就绪的朱宸濠得知消息后，于正德十四年（1519 年）六月，借口明武宗正德帝荒淫无道，集齐兵马号十万众，发动了声势浩大的叛乱。他先杀巡抚孙燧、江西按察副使许逵，革正德年号，以李士实、刘养正为左、右丞相，以王纶为兵部尚书，并发檄各地，指斥朝廷。略九江、破南康，出江西，率舟师下江，攻安庆。西东下南京，浩浩荡荡地向京师开进。一路上，每到一城池，朱宸濠派四千精兵勇将以迅猛的速决战进击城中的游兵散将，每仗必胜，军队士气大振。相形之下，守城的明王朝军队往往闻风丧胆，一触即溃、或逃或降。就这样，朱宸濠率军一路厮杀、日日进逼，眼看着就要杀到天子的脚下了。

有的人说，假使真的让朱宸濠得偿所愿、大功告成，大明的历史不但将会改写，而且这对于大明王朝未尝不是一件好事。为什么这样讲呢？或许朱宸濠可能会成为大明的又一代中兴的英主。大家别忘了，在老朱家天下的家族史上，这可是有先例的，这就是上面提到的明成祖朱棣。算得上是中国历史上的一位英主，而他的皇位，恰恰就是从正牌儿的皇位继承人、他的侄儿建文帝朱允炆那里用大打出手的方式武力抢来的。

可是，就在势如饥虎的朱宸濠军一路凯歌之时，自我感觉万般良好的朱宸濠却万没想到，自己起兵仅仅43天后，就大败于明廷派出的一员干吏之手，他与诸子、兄弟一起被俘，押送南京。明武宗先放再抓，最后废其为庶人，伏诛，除其封国。

这位横路杀出擒住朱宸濠、挽救明王朝巨大危机的人，就是心学宗师王阳明。

先辈的个性和风范

俗云"龙生龙，凤生凤"。这种遗传论的观点用在王阳明的身上还真是有些贴切。

王阳明的先辈们都不算一般人，这不光是说他们的身份，还有他们身上的个性。

中国今天盛产的是暴发户，每每被称为"土豪"，这两个字真的很形象，它标明了这一类人与"贵族"的分野。你可以有钱，但不一定是贵族。为什么？"彬彬三代"方可称为世家。贵族的精神积淀是数代人形成的，它绵长、持久，和"富不过三代"的短暂性暴发不能同语。这二者表现出来的面貌也不一样，土豪爱干的是奢侈、炫富、享受；而贵族爱表现出来的是教养、责任感、风度。

好，王阳明恰恰出生在这样一个"精神贵族"的家庭。

王阳明往上数的第六代祖王纲，字性常，是元末人，他不但与两个弟弟王秉常、王敬常以文章名于元末，而且这位王纲老先生还是个文武全才。他还学过道术，尤其擅长相人，曾向终南山道家高人赵缘督学过卜筮之法，也就是预测学之类的高深学问，颇有点通天彻地的本事。

通常来说，这一类人对世间的功名利禄兴趣都不太大。

王纲老先生在年轻的时候与后来大明国师刘伯温交情不浅，当时刘伯温还未出山辅佐朱元璋打天下。他曾对刘伯温说："老夫性在丘壑，异时得志，幸勿以世缘见累，则善矣。"意思是说，我喜欢住在山里清静的地方，你以后作了官，千万别拖我一起去当人民公仆就最好了。

不过，当元灭明兴时，刘伯温还是向朱元璋举荐了他的老朋友王纲。时王纲已经有七十岁了，碍于老友的面子只得出山。朱元璋见他"齿发精神如少壮"，颇感到惊奇，知道这人有些道行，询问治国之道，王纲也答无遗语。朱元璋便让他做了兵部郎中——大概相当于国防部门的一个司长，官阶四品。

后来，王纲在平息了潮州变乱后回京覆命的路上，被海盗所杀，也有人认为，鉴于王纲是被逼为官的，加上他有一身非同凡常的本事，老先生诈死以求隐居的可能性还是很大的。

王纲在"因公殉职"后，他儿子王彦达回了老家余姚，在秘图湖边盖了间小房，不再和政事打交道，自在逍遥去了，并自取一雅号——秘湖渔隐。他还在临终时留下遗言，要子孙世代以耕读为业，而不要去作官，还把祖上留下来的书都传给儿子王与准，嘱咐儿子"但毋废先业而已，不以仕进望尔也"。

王与准恪守父训，也继承了父辈的道学本事，为人占卜百测百灵，一来二去越来越出名。永乐大帝登基后，专门派官员到各地寻访高人，王与准怕被抓去当官逃进深山，结果一不小心从石崖上掉下去摔伤了脚，后给自己起了个号叫"遁石翁"。征召王与准的使者见他受了伤，于是改征了他的次子王世杰。

王世杰"年十四，尽通《四书》《五经》宋大儒之说"，果然是王家又一才子。后来赶上大考之年，王世杰去参加科考。在进考场前按照规定，为了防止考生作弊，考生得散发脱衣接受检查，王世杰一看，觉得这是对人身以及人格的巨大侮辱，考场也没进，转身就走了。这真的是一种个性。

王世杰有个儿子叫王伦，字天叙，因喜欢竹子被称为"竹轩先生"。他就是王阳明的祖父，做了一辈子教书先生。

到了王阳明的老子王华这一代，也许真是祖辈积够了阴德，荣耀一时间都显现在他身上了。

王华是不折不扣的学霸，他身上有一个最显耀的光环，明成化十七年（1481 年），这一年王阳明九岁，老子王华考中殿试一甲第一名，也就是状元。

这可不得了。

今天我们的现代高考制度下，每年一般都有省、市级的高考第一名见诸于新闻报端，被媒体称为状元。而且这个状元还分文理科，这样以来，每年中国都能收割几亩地的状元。

但在古代每次科举全国只产生一名状元。问题还在于古代的高考——科举考试，又或者说公务员考试，三年才举行一次！据统计，大明朝的前后 276 年间，一共才出了 90 个状元。那真是寥若晨星的人中龙凤了。我们再想想，吴敬梓笔下的范进同学科举考试只不过中了个举人，相当于拿到中学文凭、取得了后补公务员的资格，就已经高兴得疯了。那些中了状元的，得有多大的心理承受能力，才能不疯啊？

但中状元的的确没有几个疯的，人家比较有志气。

能产生状元的家庭一般都是传统的读书人家庭，受儒家圣贤的久久熏陶，打小就培养宠辱不惊的品格，气质素朴宽和，心理素质钢钢的！有着宽广的胸怀和抱负，所以这些人纵然或狂或傲，却能不疯，绝非范进之流可比。

话说回来王阳明先生的父亲，这位王华王龙凤，早年间常常在家乡的龙泉山上读书，学者称他为"龙山先生"。据说，王华从小也是智商过人。刚在牙牙学语时，槐里先生教他诗歌，他听过一遍就能背诵出来。

又据说，王华六岁的时候，和一群小朋友在水边玩耍，见到有人来水边洗脚。这人因为喝了酒，醉熏熏的，洗完脚离开时忘记了他携带的包裹。王华便捡来看了看，发现包裹里居然有数十两黄金！王华小朋友估计，这人酒醒后必定要来找，因为这比酒驾让警察罚分还严重得多。又担心自己抱着一桶金子不安全，就把包裹投到了水里，然后坐在边上等着。

不一会儿，那人果然哭天抹泪地一路寻来，王华迎上去对他说："找你的包裹吗？"随即为他指明了地点。那个人看到包裹失而复得，高兴得不知怎么好，拿出一锭金子一定要给王华小朋友作为酬劳，王华后退了几步，摆了摆手坚决不要。

所以我们看了这个故事大概就能理解，为什么人家中了状元后会不疯。人家从小就有正义感，把道义看得比功利更重要。

王华稍长大一些，读书就能过目不忘。刚成年，他就被当地余姚城里有名望的大家族请去给他们的子弟当老师。当时，提学松江的张时敏考察余姚的士人，认为王华和谢迁是首屈一指人才。

后来浙江的方伯、祈阳的宁良要张时敏为他儿子推荐老师，张时敏就把王华推荐给了他。宁良把王华请到家里，让他住在梅庄别墅。湖南一带的读书人都闻风而至，跟从王华学习的弟子有数十人，他教了三年后才回家。

明成化十七年，王华参加科举考试，一举考中殿试一甲第一名，也就是状元，当即被授予翰林院修撰之职。翰林院本是一个国家高级干部的养成所，就像中央党校一样，是走出副国级、省部级干部无数的地方，县长、乡长是进不去的。而翰林院修撰本来就是一种高级干部的后备职位，无论谁到了这个职位上，未来的仕途可谓一片光明。

弘治年间，王华又因为品、学兼优，被任命担任皇帝明孝宗的老师。

王华讲课时吐字清晰流畅，用词明白恳切，常以圣贤的故事和言教劝勉明孝宗要慎戒安逸享受，亲近仁德之士，远离奸邪小人。

当时后宫中有一个内监叫李广，得到明孝宗的宠幸。有一天，这个李广从文华殿的门口路过，王华正好在那里给讲官们讲《大学衍义》。王华看到李广走过来，别的不讲，专门讲唐朝李辅国与张皇后争权夺利这一节。这分别就是指桑骂槐嘛。下面听讲的各位讲官听了，都你看看我、我看看你吓得闭口不敢说话。只有王华一个人滔滔不绝、大声朗诵讲说，连左右的太监们听了也都缩头吐舌。

王华就是这么楞、这么耿介，却也因此得到了大 BOSS——皇帝明孝宗的赏识。

后来王华又继续被升迁做了翰林院学士，参与编写了《大明会典》、《通鉴纂要》等国家级重点人文社科图书。又半年后，以政绩突出而升迁至礼部右侍郎、左侍郎等职，相当于礼部的副部长。

到了明武宗正德元年（1506 年）因宦官刘瑾弄权，而他的宝贝儿子、时任兵部主事的本书主角王阳明上疏得罪了刘瑾，使老子王华也受到了牵连，在正德二年（1507 年），王华被调离京城赴南京任吏部尚书，这大概属于明升暗降，不久又被勒令提前退休回家。

由王阳明干的这事可见，想当圣贤、事业心太强的人，对于个人家庭的负面影响有多么的大。

据记载，王华为人仁德宽恕、真诚坦荡，对人不分尊卑贵贱都平等对待。别人有一点点优点，他就赞不绝口，但有什么缺点，他就隐而不提。人有急难来求助于王华，他极尽所能、跑前跑后地帮忙救助。别人有了过错，他就直言规劝，不会护短。

他对父母也非常孝敬，母亲岑老夫人百岁时，王华当时也已年过七十了，却每天早晚还像童子般侍奉在母亲的左右，从没一丝懈怠。岑氏去世，王华不管自己年已古稀，仍然按照传统的礼节，睡草荐、枕土块、哭天怆地、悲痛欲绝。母亲出葬那天，他光着脚跟在灵柩后面一路哀号，走了数十里，以致染病，卧床近一年。

这就是典型的忠臣孝子。

算起来，这一类的行为和社会风尚只不过离我们的时代才过去了短短一百多年而已，却几乎消失得无影无踪。它消逝得是那样的快，就好像从来没有在世间存在过一样。只不过当我小时候在家乡农村过年时向长辈磕头时，还能体会到那种遗风的一点点儿悠长的余味。

王阳明的父辈还不怎么迷信鬼神，换句话说，不信邪。

有一次，王阳明的父亲王华想为家中盖一座小楼，大家辛辛苦苦努力地添砖加瓦，眼看着小楼就要平地而起，不知何故，突然起了火灾，没几分钟，在消防车赶到前就化为灰烬。

着火时，临近的亲友都跑过来帮忙救火。事后大家一致怪王阳明的父亲没有事先好好儿供奉神灵，结果遭到了神灵的打击报复。俗话说，"福无双至，祸不单行"，搞不好，从此之后老王家还会大祸临头。

这些闲言碎语让王阳明家里人听了后，一个个惶惶不可终日、坐卧不安。这时，王阳明小朋友也躲在墙角处偷偷看着父亲，不知如何是好。

却只见自己的老爹这时神情淡定，和大家谈笑自若，一方面安顿好家人，另一方面又买木料重新盖楼。一年后，一栋崭新漂亮的小楼又拔地而起，什么狗屁倒灶的事也没有发生。

王阳明一方面暗暗佩服父亲，也无形中形成了自己的个性，遇事能审时度势、有主见，而不是人云亦云。

由于王阳明是出生在这样一个家庭，家里的家教也很有特色。

在王阳明家，家长们并不崇拜当时的红宝书——四书五经，也不像现代的虎爸虎妈们一样"望子成龙"，逼着儿子考北大、上哈佛，变相地满足自己的虚荣和心理缺憾。王阳明的父辈当然也是名副其实的虎父，但人家是以德服人，不教儿子一心中科举当大官，死学四书五经，把它捧上天。

王阳明的父辈偏爱那些讲大道和真谛、以理服人的书，像《礼记》《春秋》《左传》，这都与他们不愿被功名利禄所牵扰、不愿被陈规陋俗所束缚，而宁愿保持像莲一样清白纯洁，刚正不阿的个性有关。

所以我们回望一下今天的家长和学子，有几个又会想到读书求知是为了追求人生的真谛，"兴趣是最好的老师"？

我们念书的目标早早地指向了就业谋生，这种观念，把中国传统中优秀的和糟粕的两个方面都继承下来了。好的一面是注重知识，坏的一面是功利性过强。我们的时代，科技越来越发达、物质越来越充裕，我们的精神上却越来越矮小、越来越以理想为奢谈。

而王阳明的家庭，却恰恰不是一个奉科举致仕为至上目标的知识分子家庭。也许，这样的家庭注定要出圣贤吧。因为在圣贤的气质中，多多少少都有着他超脱、不拘常流的一面。

少年王阳明的花季雨季

我们的主角王阳明终于登场了。

王阳明，名王守仁，字伯安，号阳明子，本是浙江余姚人，生于明宪宗成化八年（公元 1472 年）。在他青年时，全家从余姚迁至山阴（越城），他在距越城不远的会稽山阳明洞边盖了一间茅草屋，于是自称阳明子。后来这个号渊远流长，学术界又称王守仁为王阳明。

先说一说王阳明的少年时代。

今天的社会由于工业化和社会化大生产的影响，分工无比细腻明确，许多家庭功能都由社会来实现，古代不是这样，家庭不但承担子女的生育、抚养，还承担早期教育等一系列功能。在古代书香门第的大家族中，由家中有学养的长辈，如兄长、祖父辈的读书人来担任教育兄弟子侄的任务，这是司空见惯的。

王阳明这样的家庭当然也是如此。

俗话说，三岁看大，七岁看老。如果说你的小时候有很多闪光点被家长期多年后还津津乐道的提说起来，那么王阳明同学为长辈的乐道的一个闪光点大概就是聪明颖异、资质不凡。

王阳明五岁那年，有一天他的祖父路过房门，见他一个人在屋中念念有词，不禁有些奇怪，"这孩子在捣什么鬼？"仔细一听之下，不禁吃了一惊。原来王阳明口中念叨的竟是平时自己诵读过的书，而且念得一字不差。看王阳明的神情，却又全当嬉戏玩耍一般。

祖父惊奇之下，故做生气地问："你什么时候偷看了我的书？"

王阳明见祖父生气，只好如实说："我没有看过您的书，只是听您读的时候慢慢记下来的。"

王阳明的祖父闻言十分高兴。他认定王阳明长大后会有大的出息，于是更加悉心教他念书。

童蒙时期的王阳明在祖父的教导下，博览群书。从孔子的《论语》、孟子的《鱼我所欲也》，到唐朝的律诗绝句、宋朝的词，还有儒教、道教的教义无所不涉；从义理深奥的道德文章，到文采绚丽的诗词华章，有些文章读来虽不能尽解其义，王阳明却也学得一本正经。

书海之中，少年王阳明尤其喜爱兵法，对《孙子兵法》爱不释手。

一到家中宴请宾客的时候，王阳明并不像父亲一样张罗着给众人敬酒，而是自顾自地玩儿，悄悄地取来许多果核，把果核当成士兵，玩到兴头上，还拉来访的客人一起对战，用现代的话叫"兵棋推演"。

你摆一个龙门阵，我用八卦阵来克你，常常是客人的兵阵才摆出来没一会儿，王阳明沉思片刻，便已想出了克敌的阵势。有时偶尔想不出来，他就会缠住客人，让别人把这个阵势的来历、制法、优势讲个清楚。

王阳明常常乐此不疲地做这个游戏，为此没少挨老爹的骂，嫌他打扰了客人。

平时，与小朋友玩的时候，王阳明也是满肚子小故事，大伙儿都称他"智多星"，伙伴们常常坐在他的周围，聚精会神地听了一个又一个。

而王阳明讲得最多的也是孙子。他特别佩服孙子的聪明才智。有一次，他给小伙伴们讲了一个孙子出山的小故事：

话说孙子和他的师兄庞涓跟着师傅鬼徒子学习有四年之久，他们俩都想下山去看看外面的世界有多么精彩，就去禀告师傅。鬼徒子一听，笑着对他们说："学习四年是否学有所成呢？我得先出个题考考你们，谁通过了就可以下山。"自以为是的庞涓这下可高兴了，这还不简单，不就是答道题吗？他催促着师傅快出，而谦虚的孙子在旁默不作声，鬼徒子说道："我现在坐在屋内，谁能让我走到屋外就赢了。"庞涓想显示一下自己的聪明才干，不等师傅话说完就用开招术，骗师傅说房子要着火，拿走吃的，庞涓想师傅饿了就一定会出来？什么招术都用上了，就差点儿把师傅砍一刀，横着抬出来了。无奈鬼徒子坐在那里纹丝不动，稳如泰山。庞涓终于绞尽脑汁，惭气了。现在轮到孙子了，只听孙子毕恭毕敬地说："弟子浅薄，学业不深，未能想出妙计来。但是如果让师傅从屋外走到屋内，弟子倒有个办法。"鬼徒子心中暗自思忖："这个徒弟平时沉默寡言，但是颇有心计，不知他有什么妙计让我从屋外走到屋内，反正怎么走都一样，不如看看他的计策到底是什么？"于是，鬼徒子走到了屋外。就在他两只脚都迈出门坎时，恍然大悟，在无意之间自己中了徒弟的计策已经从屋内走到屋外来了。

每当王阳明讲到这里，就情不自禁流露出一种赞叹敬佩之情，他太佩服孙子的足智多谋了，要是自己也能这样，那该多好啊！说到这里就让人感到，王阳明这孩子搞不好将来成了一个天天喊打喊杀的军事人才，却怎么看也不太像是有成长为"圣贤"的可能。

王阳明在十岁的时候，随着中状元当官的父亲搬到了北京城住。

王状元希望自己的儿子将来也能和自己一样中状元。他交了一大笔学费把王阳明送进了师资力量雄厚的北京某重点中学读书。但是少年王阳明好像不太理解老爸的用意，放了学就和邻居家的小朋友们一起，玩排兵布阵的打仗游戏，还特别喜欢下象棋。王华对此很是恼火。据说父子间有这样一段对话：

"咱家代代都是读书的，怎么出了你这么个孩子？"

"读书有啥用？"

"读书像你爸爸我这样中状元。"

"爹中了状元，儿子、孙子还是状元吗？"

"当然不是，你要中状元，还得自己读书。"

王阳明一听："那没意思，这样的状元不稀罕。"

王华一听，啥？不稀罕？于是"父益怒扑责之"，无辜的象棋也被送进河里泡澡去了。王阳明因此以诸葛孔明自喻，作诗一首：

> 象棋终日乐悠悠，苦被严亲一旦丢。
>
> 兵卒坠河皆不救，将军溺水一齐休。
>
> 马行千里随波去，象入三川逐浪游。
>
> 炮响一声天地震，忽然惊起卧龙愁。

这诗估计是王阳明被老子勒令在墙角罚站时没事干写的，文字生动俏皮，足见王华碰到的是怎样机灵捣蛋的一个儿子。

不过，正如王阳明诗中提到的卧龙，诸葛亮始终是王守仁心仪的先贤，也是他的榜样，就像他后来吟诵的"孤吟动《梁甫》，何处卧龙岗"（《春晴散步》）。孔明有隆中对，三分天下之策，王阳明后来也屡屡想上书朝廷，献上自己的"平安策"，这时，他只有十五岁。

王华斥责他太狂妄，其实，从王守仁提出那个何为第一等事的问题起，王华就始终觉的自己这个儿子不着调，这个状元老子还曾嘲笑儿子："你这个小样儿，还想做圣贤（'汝欲做圣贤耶'！）？"他却不知道，若没有这个儿子，后人早就不记得王华状元是何许人了。

只不过，王守仁的爷爷——王天叙老爷子却坚持认为，自己这个孙子将来必成大器，之后的历史似乎也是要向后人宣示，王老爷子的那份淡泊，比起他状元儿子那份对读书登第的热衷却要高明得多。

王阳明十一岁时，祖父带着他与一班客人去北京金山寺游玩，大家游兴正浓，在场的客人请他的祖父赋一首诗来助兴。他的祖父正在思忖之际，王阳明却主动站了出来为祖父解围，他说："平时祖父曾教过孙儿，这样的诗句还是让孙儿来做吧！"

他随之脱口而出道：

> 金山一点大如拳，打破维扬水底天。
>
> 醉倚妙高台上月，玉箫吹彻洞龙眠。

祖父和一众客人见他才思敏捷，不禁大为惊讶，又出了一道题考验，谁知王阳明张口又是一首：

> 山近月远觉月小，便道此山大于月。
>
> 若人有眼大如天，还见山小月更阔。

这首一出口，让一众人等不禁又是惊叹又是赞赏。

这容易让人联想起十四岁写《腾王阁序》的王勃的名句"落霞与孤鹜齐飞，秋水共长天一色"。王勃文章中体现出的意味更有文采、感情和气韵。对比之下，十一岁的阳明的诗显得稚嫩，但是，年仅十一岁的稚童，吐词却有一番豪迈之气，将人比作天，还要登高台吹箫赏月，诗句不仅有气势，还富有耐人寻味的哲理意境。

这些诗中隐隐透射出了什么样的气息呢？一是心量，二是哲思。要真从这些白字黑字的王阳明早期作品来看，还真是能看出来点儿王阳明在日后成贤证圣的苗头来。又似乎圣贤的童年，都对天地之类的大事早早就产生过关注。

王阳明的老前辈——大儒朱熹亦在小时候由他的父亲朱松进行启蒙教育。据称朱熹小时候也是聪明过人。四岁时，有一天，他父亲指着天教朱熹说："这是'天'。"朱熹听了，马上问："天上有何物？"其父大惊。

父亲又指着太阳对朱熹说："这是'日'。"朱熹又问："日何所附?"意思是太阳挂在什么东西上? 朱松回答说："附于天。"太阳挂在天上。朱熹追问道："天何所附。"天挂在哪儿? 一席话把他老子问得张口结舌不已。

也由是可知，圣贤小的时候往往让老师以及长辈头痛。因为智商不但超常，而且思维方式也很超常，像问题儿童一样。在后文中，王阳明就给他的父亲和老师展示了一个问题儿童是怎样给大家不断带来问题和麻烦的。

王阳明周围的人对阳明也产生了影响。

像王阳明的塾师——上虞人许璋，这位许老师精通兵法，兴之所致的时候，常给王阳明上点儿"知己知彼，百战不殆""兵贵胜，不贵久"之类的课程，谈及三国武侯诸葛亮出奇制胜、标新立异的阵法。恰好王阳明对这些有兴趣。

许璋又是一个道家色彩极浓的人，他教导王阳明"上善若水"的道理，就是说做人平时要像水一样善良、柔弱，遇难事不要一击就倒，也不要硬碰硬，而要像流水一样绝不轻易止息。只不过这一类的道理学起来容易，王阳明到了后来真正的人生起伏之中，才得以慢慢地去消化和接受它们。

其他一些人如南濠子、吴與弼的学生娄凉、陈百沙的学生湛甘泉也经常同王阳明交谈、交流学习体会。

北京是全国政治文化中心，是天下人才会聚的地方。王阳明来这里又算是大开了眼界，在这里天天耳闻目睹的是天下大事；听父亲和长辈谈论的多是圣人之言。

闲时看书，圣人的言行往往令王阳明恍然大悟，也成了他模仿的对象。渐渐地，有一个念头在心中慢慢明朗化，那就是，他要做一个像孔子一样的大圣人。

"马革裹尸"，那个时代的理想与燃情岁月

人的年青时代最富于理想。只不过不同的时代，时尚不同，理想的内含也便不太一样。

古人的理想和今天的人当然大大的不同。今天的年青人理想是买车、买房，送子女上示范学校。而在古代，如果你出生在农家，你的理想可能是辛勤耕作，再为家里多置办几亩水田。如果你出生在读书人家庭，勤奋的你可能会苦研典籍，近则修身立德，远则求取功名，进入体制内当公务员。要知道，公务员的崇高地位在中国是有历史渊源的。

这些还都是低层次的理想。古代的年青人的最高理想是什么？修身、齐家、治国、平天下。再说得具体一点，诸如效命天子、匡扶社稷、讨伐不臣、拯民水火、马革裹尸、青史留名之类的事。

更何况，中国传统的知识分子本来有着强烈的入世情怀，"风声雨声读书声，声声入耳；家事国事天下事，事事关心"，就是出自明代东林党领袖顾宪成之手，可谓是那个时代知识分子思想面貌的一个写照。当然，顾宪成等东林党人的兴起，还比王阳明的时代要晚几十年。

所以，今天的年青人凑在一起，如果手里不拿 iphone 几 S，嘴里不谈大众创业、万众创新，不谈做项目，就显得超 low。那个时代的年青人在一起，如果不出口成章、纵论天下兴废、抒发胸中抱负，就显得很矬。

年青的血总是冲动和激昂的。少年时代的王阳明当然也不例外，他也是一个理想主义的青年嘛。王阳明最大的理想是什么呢？是政治理想。像所有有理想的年轻人一样，他想要改造国家、改造社会、改造所有在他看来不合理的规则和现状。

王阳明非常关心国家大事，看见大明朝的军队连年征战，他少年老成地向自己的父亲发出这样的感慨："今天下波颓风靡为日已久，何异于病革临绝之时。"意思是说，现在天下纷然扰乱这么长时间，就像一个人久病快死亡了，这可怎么办呢？

恰好在这个时候，北方的蒙古族也欺负中原王朝的懦弱，不断侵扰中原。明英宗正统年间，更发生了极为严重的事件。过着半牧半猎生活的蒙古瓦剌部落向明朝发动了大规模进攻，数十万大军直取皇城，竟一举俘获了当时的皇帝明英宗。最后，明朝赔偿了数以万计的金银珠宝，瓦剌部落才答应退兵。

在北京住的日子久了，王阳明对北京的人文事故、风土人情也有了相当了解。其时距离土木堡之变不过三十几年，"于谦保卫北京"的故事在民间流传甚广，让少年王阳明心驰神往。中原王朝竟受到这般欺辱，这一历史大事件在王阳明少年的心灵里投下了巨大的影响。

他希望好好学习兵法，有朝一日为国效忠，所谓"明犯强汉者，虽远必诛"这类强烈的话语，想必也曾在王阳明胸中一再回荡不已。他感佩于谦"要留清白在人间"的气节，在其祠堂前留下这样一幅联：

赤手挽银河，公自大名垂宇宙。

青山埋忠骨，我来何处吊英贤。

十五岁那年，王阳明又出游了长城沿线的居庸三关。

此时的长城内外硝烟正起。在长城以北，少数民族的势力不断强大，时常突袭大明的边陲；长城以内的乱民暴动则此起彼伏，甚至严重威胁到了京师的安全。站在山巅，眺望着蜿蜒盘旋的万里长城，王阳明的思绪不禁飞到了战火纷飞的沙场，旌旗闪耀、战鼓雷鸣、兵戈交错、杀声四起，这一幕幕影像在王阳明的眼前浮起。

怀着效忠国家、建功立业的冲动，王阳明冒险纵观当地险峻的山势，孤身一人一骑去探寻少数民族部落的生活现状，探察当地的人文，拜访乡村老人，询问北方少数民族的生活习俗，思考御边方策，并想象着有一天自己能率领千军万马荡平边疆、安定国家，"慨然有经略四方之志"。

从居庸关回来没多久，王阳明梦见自己去拜谒汉朝伏波将军马援的庙，他在梦里还作了一首诗：

> 卷甲归来马伏波，早年兵法鬓毛皤；
>
> 云埋铜柱雷轰折，六字题文尚不磨。

这个梦似乎有些莫名其妙，但是，四十年后，早已不是少年的王守仁途经桂林，亲身到了伏波庙，发现周围的情境"宛然如梦中"，让他不禁感慨这一生都是冥冥中安排好的，而这更是此刻的他始料未及的。

这还容易让人联想起宋代著名的词人辛弃疾的诗，同样也是在梦中：

> 僵卧孤村不自哀，尚思为国戍轮台。
>
> 夜阑卧听风吹雨，铁马冰河入梦来。

应该说，这两首诗的豪迈之气大有相通之处，两首诗的作者都有文名，在人生的履历中，又都在战阵上大有过一番沙场点兵、气吞如虎的军事生涯。

只不过，写这诗时候的辛弃疾虽然壮心不已，但英雄暮年、壮志难酬；而这时的王阳明却是恰同学少年，像早晨七八点钟的太阳，正在登临属于他的舞台，随着时间的推移，渐渐迸发出更为炽热的光芒。

儒是做官的学问，还是做圣贤的学问？

王阳明早年读书，就立下了做圣贤的志向。这引发了一个问题，儒到底是做官的学问，还是做圣贤的学问？

人类社会从一开始发明了教育这个东西，目的无非是两方面的：

一是传递人类在与自然共处、斗争中的经验和教训，传递人类的生存智慧和幸福人生的智慧，也就是世界观；二是传递技能和技巧以满足生产生活的必须。前一项内容就是后来的哲学，而后一项内容就是后来的科学。

如果说今天的教育和中国古代的传统教育有什么不同，今天的教育更偏重于职业化训练、技能教育。而古代的学校教育更侧重于道德观、人生观的灌输，也就是意识形态教育。今天的教育是为工业化社会培养一颗颗合格的螺丝钉，而古代教育是一种圣贤教育、升华人格和本性的教育。

我们老家的老房子墙上正中悬挂着一幅清末老秀才写的对联，笔力刚劲，曰，"只以金银遗子弟，何如道德教儿孙"。这不就是一种智慧教育、人生观教育吗？人们综观了古往今来的历史、家庭兴衰、命运起转，用无数血汗的经验总结出一个无比深刻的道理，金钱的积累只是一时，而无法世代长久流传下去，而品行和道德却最靠得住，可以伴随一个人走完圆满的一生。

从这个意义上说，传统教育教的是如何做人。在古人看来，比起学到一项赖以谋生的技巧、技能来说，道德品格对于一个人能否真正得到人生的幸福反而更是至为重要的。

无论什么样的教育，都要因应人的本性，使人有最初的动力。就拿古代的圣贤教育来说，它逐渐和科举取士建立了密不可分的关系。从正面的影响来说，通过科举，使传统读书人中品学兼优的优秀分子得以进入仕途，获得社会的尊崇和荣宠，这在无形中反过来又鼓励了读书尚学之风。

有句古话，叫"一法立，则一弊生"，意思是说，为了解决某个问题，人们发明了某种方法，虽然一时很有效果，但这方法用的久了就会产生弊端。科举取士也是如此。

隋唐时代建立起来的科举取士制度，经过千百年的流传，到了王阳明所处的时代，也已是弊端丛生。

本来读书是为了学习古圣先贤的人生观、世界观、生活智慧、道德品行，诸如此类，改造自己的身心，图得人生境界的升华，但是，由于它是和现实利益捆绑在一起的，所以又越来越成为取得社会地位、功名利禄的工具。

这当然是最初发明科举制度的先辈们所没法预见的。因为人性中顽劣的一面总是不断地滋长，人性中高尚的一面总是不断受到现世社会的冲击和诱惑。

到了王阳明这个时代，为了科举而读书已经越来越成为社会的风气。清代吴敬梓笔下著名的《范进中举》也就是明清之际科举制度的一种真实写照。这个时代，读书不是为了做圣贤，而是为了做官、求取功名、获取社会地位。

不过，虽然科举制度后来堕落如此，我们还是应该记住一点，中国传统教育的初衷就是为了传递人生智慧、升华人格、培养圣贤。

读书但为做圣贤

1483 年，王阳明在私塾读书。有一天，他一本正经地问老师："何谓第一等事？"意思其实就是，人生的终极价值到底是什么？

这问题乍看上去倒真是一个普通不过的问题。

人活着为了什么？或许在成长的岁月以及步履匆匆地人生行程中，我们早就漠视这个问题已久了。

为什么？旁边的人怎么活着，我们就怎么活着，旁边的人追求什么，我们就追求什么，这不是最省事最简单吗？我们的亲朋好友早就给我们做出了现成的、最佳的示范。提这样问题的人，总会让人觉得有几分另类、几分怪异。

王阳明的老师听了这个问题不禁一愣，因为没有学生问过他这样的问题。

而且，在他看来，这几乎是一个不成问题的问题。不过，他没有利用先生的权威给王阳明直接劈头一掌直接摞翻。他看了看王阳明，调整了一下情绪，笑了笑，又想了一下，做出他自认最完美的回答："当然是读书科考，金榜题名，衣锦还乡。"

王阳明对这个答案并不满意。他看着老师说："我认为不是这样。"

老师不自然地"哦"了一声："怎么？你还有不同的看法？"

王阳明点了点头："我以为第一等事应是读书做圣贤。"

老师大为吃惊，要知道在王阳明的家乡，当地余姚县可是科第风气极为兴盛的地方，由此得以进入仕途者多不胜数，是名符其实的"学霸之乡""公务员考试之乡"。考试升官的观念早已根深蒂固。当听到这个"另类"的回答后，老师不禁大加斥责王阳明。

这不由又容易让人想起王阳明的前辈朱熹朱圣贤来。

据《朱子年谱》中记载，朱熹在十岁时就"励志圣贤之学"，每天如痴如迷地攻读《大学》《中庸》《论语》《孟子》。

朱熹自己回忆说："某十岁时，读《孟子》，至'圣人与我同类者'，喜不可言。"从此，便立志要做圣人。以后他又教育学生："凡人须以圣人为己任。"

可是，人的境界、心量、品性本来就分了很多种。譬如"夏虫不可以语冰""燕雀安知鸿鹄之志哉"之类的话，就是表达人与人之间境界和胸怀的巨大落差。有人读书为求功名，有人读书为当圣贤，大概就是这种落差的体现。

问题就在于，知识性、技巧性的东西或可以通过后天学习、授受而得；一个人的心量、气质、抱负的养成，却在很大程度上是出于先天的秉性，即使后天成长环境的熏染也能起到一些作用。

换句话说，技巧性的东西是容易掌握的，而人格的境界是很难短时间提升起来的。

再例如我们说的艺术家气质、美术家、音乐家，都有着天生的成份。推到极端来说，就是天生的贝多芬、天生的达芬奇。这又像爱因斯坦说过的，天才是靠百分之九十九的勤奋和百分之一的天才，但是那百分之一的天才可能才是决定性的。

当然，这好像有着浓重的先天决定论色彩。但我们也不妨换一个角度来思考，也就是，人的天性、先天的禀赋各有所长，我们应该发挥自己长处，不要去做不符合自己天性的事情，这样才能把事情做到优秀、事半功倍。

好了，既然有的人理想是当美术家、音乐家，有的人的理想是当白领、事业有成，有的人的理想是当官。

而现在，这里有一个人的理想是当圣贤。

有一天，王阳明和他的同学在京城逛街，正好从一个看相算命的人身边路过。这个算命的一把抓住王阳明，说要给他看看相，他愿意分文不收，说王阳明是一副难得的好面相。

王阳明倒没有拒绝，看就看吧。

算命的相士上下仔细端详了一下王阳明的面色，又让王阳明伸出胳膊，撩起衣袖，摸了摸他的骨骼，口中念念有词，手指也在掐算着什么。不一会儿，相士睁开眼对王阳明说："公子这是大大的福相，有朝一日必成圣人，只不过，在此之前也要经过苦难的磨难。"

他叮嘱王守仁："当你的胡子长到衣领时，你就入了圣境；胡子长到心口窝时，你就结圣胎了；胡子长到丹田（小腹处）时，你就圣果圆满了。（'须拂领，其时入圣境；须至上丹台，其时结圣胎；须至下丹田，其时圣果圆。'）"

后来证明，这几句话精炼地概括了王阳明的一生。

他的同学跟王阳明说，这不过是些江湖术士的奉承之语。但王阳明一听之下却心大喜，觉得相士的说法与自己的心思不谋而合，心境陡高、为之深信不疑。

王阳明十六岁时觉得自己学业有成，应该施展抱负了。当时的他傲视一切，历史上的帝王宏业在他的眼中更算不了什么，他在《题四老围棋图》中写道："却怀刘项当年事，不及山中一着棋。"

"楚虽三户，亡秦必楚"。秦末，中国历史上的两个著名的英雄刘邦、项羽苦战五年灭秦，谋略过人，雄壮异常；战火千里，尸骨成山。刘邦的一首《大风歌》，"大风起兮云飞扬，威加海内兮归故乡，安得猛士兮守四方"；项羽的《垓下歌》，"力拔山兮气盖世，时不利兮骓不逝，骓不逝兮可奈何，虞兮虞兮奈若何?"这两首诗都散发着难以比肩的英雄气概，被多少志士反复吟诵。可这一切在王阳明心中却比不上一盘棋重要，也就可见王阳明自负了。

王阳明以为：做就要做圣人，其余的事情都不值一提。

王阳明的青春理想并不是少年维特式的，更不是白日梦式的，思绪澎湃一番就完事了。他把自己的理想付诸于实际的行动。就在十五岁的时候，王阳明干了这样的事，屡次写信，上书给当时的最高领导人——皇帝。

他上书的内容不是感谢领导人对青少年教育事业的亲切关怀，兼汇报自己的学习进步、考试成绩，他在上书里说的全是国家大事，诸如怎么平定各地此起彼伏的民变之类的事。

可以想见，在朝廷之中当然多有居其位聊以混饭的高官显贵，也不乏老谋深算的干吏操持着国家大事。区区一个少年的几件出谋划策、探讨国是的兴起之作又能引得起什么样的重视呢？何况这时的大明朝皇帝像所有的守成之君一样，还没有勤政到愿意去倾听来自一个少年的天下兴废之论。

这倒也是好事，谁知道王阳明的上书里有没有因为不谙世事而有不逊之言、忤逆之语，搞不好反倒会给自己引来杀身之祸呢？

王阳明的父亲知道了他干的这些事后，严斥他太过狂妄，有一天非要因此而受到巨大的挫折不可。但此时的王阳明真有不可一世之风，正为他的圣人理想如痴如醉，对父亲的斥责并没有听进去。

后来的事实证明，王阳明的圣人之志无疑为他以后的成就奠定了良好的基础。但是他这时的自命不凡，目空一切，也为日后埋下了祸患。

明孝宗弘治元年（1488 年），这一年王阳明十七岁。

王阳明的父亲见儿子已长大成人，所谓"男大当婚，女大当嫁"，他便为儿子选了一个贤慧貌美的表妹诸氏为妻。

两家人选定了良辰吉日，王家张灯结彩、一片喜气洋洋。父亲催促阳明赶快穿戴整齐，去洪都（今南昌）接亲。这时的王阳明，刚刚步入人生道路，对婚姻既不理解，又无情调，一心只惦记着怎样成为圣人，也就无所谓地骑上马便走。在路上他偶遇一道士，兴致大起，与道士对坐，开始大谈养身修炼之道，早已将迎娶新娘的事抛之于脑后。

在家中等待自己的高婿来迎亲的岳父大人左等他不来、右等不见人影，再也坐不住了，就派人去寻。等到一干人找到新郎官王阳明时，已是第二天的清晨了，只见王阳明还坐在那儿，和那道士谈禅论道，正说得津津有味。

宋明理学怎样成了时代的绊脚石？

王阳明早有大志，同时很早就开始思考怎样实现志向。然而，现实中的思想领域一团糟，有许多弊端让人怀疑，到底怎样区分一个事物的正与错呢？就像我们都知道的孔子的言论，他教化人们

"三人行必有我师焉""学而时习之""不学礼无以立"。教导人们怎样学习，怎样为人处事，这些精辟、简洁的理论，无论是民间还是官方，都是深入人心的。

我们常常有句老话，叫意识形态是为统治阶级服务的。例如儒家的"君君臣臣父父子子"这样的秩序观最符合皇帝的利益。

当然，再深入考察的话，问题并不这样庸俗而简单。因为，既然这种观念代表了秩序，那么作为最高统治者的皇帝当然也在这个秩序之中，也不得不尊奉与自己身份相应的行为规则和道德操守。

当我们抛开一切圣贤言教，就会觉得皇帝似乎可以在一个国家中为所欲为，但事实往往不是如此，传统的道德礼仪不仅对普通人，而且对最高统治者同样构成相应的约束和限制。

话不赘言。这个时候的大明王朝，在意识形态领域里最伟大光荣正确、有着像孔圣人一样崇高而神圣不可侵犯地位的学说是来自朱熹一脉的宋明理学。

为什么朱熹的理学在这个时候会朝野共尊、人神共奉呢？下面慢慢道来。

比如说有一天，有人拿着一块石头对你说道："这是一个鸡蛋。"你一定会觉得这人非疯即傻，连石头和鸡蛋都分不清。

可是，这其中实际上是有点儿问题的。简单说，你为什么把这个"东西"叫作"石头"则不是叫作"鸡蛋"呢？因为大家都这么叫，约定俗成。可是，如果我们的祖先几千年前把这个玩意儿叫作鸡蛋，那今天人人都会称石头为鸡蛋了。那么，这其中到底有没有什么规律呢？还有水为什么往低处流而不往高处，太阳为什么东升西落，月亮为什么阴晴圆缺？或者说，世界何以如此，又将如何？

这一类古怪的问题偶尔也会浮现普通人的大脑中，也不过一掠而过。而在古代，这一类的大都在普通人眼中不成问题的大问题，却挥之不去、如影随形般萦绕在哲学家、科学家的心头，让他们为之冥思苦想。朱熹就是其中的一位。

朱熹曾经问自己这样的问题：一个人到底应该怎样认识每个具体的事物呢？

他不断思考探索，总结出一套自己的理论，简单说就是：天底下的任何事物都是有规律性的，叫"天理"。天理是事物本身所固有的，不随人的意识而改变，同时天理也是完美无缺的，也因而是至上的。人最应该做的事就是尊奉天理。

可能这种"天理"观在后来太深入人心，以至于我们中国人都知道一个词，叫"天理、国法、人情"。要是我们看古代题材的电视剧，古代官员判案时，在公堂后面往往就悬挂着这几个字。这是官员处理案件、运行事物、治理一方水土的最高准则。

这就和我们今天所讲的"依法治国"、以法律为准绳的治理观念有着大大的不同。更进一说，古代传统社会中把对人的道德教化的作用看得比用法律约束和治裁人的作用更为重要。

作为人本身，是有判断事物正确与否的能力的，只不过人的理性会被事物表面的许多纷扰零乱的现象给弄糊涂，所以人要不断学习，才能拭去天理表面的浮尘而获得真知灼见。

要通过学习探究事物背后的天理，就要有正确的学习态度。朱熹提倡的是"持敬"，要"坐如尸，立如齐，头容直，足容重，口容止"。也就是说，学人在行走坐卧间都要一丝不苟，要坐得像僵尸一般端正、站立要像墙壁一样整齐。

可惜朱熹的理论中学习的内容并没有让人去探索事物的规律，而是教化人们排除对于物质的欲望，才能认识天理。如果你的生活俭朴，就要培养高尚的道德，而不要整天梦想鸡鸭鱼肉，升官发财，这些欲望都是罪恶。每个人都应按照自己的等级地位去做自己该做的事，这就是有天理；每个人都应根据自己的等级地位不做不该做的事，这就是"去人欲"。

朱熹举了一个非常生动浅显的例子：封建社会不是有界限分明的君与臣，父与子，夫与妇吗？那么"君臣便有义，父子便有仁，此都是述天地之事"，"物物有分别，如君君，臣臣，父父，子子。至君得其所以为君，臣得其所以为臣，父得其所以为父，子得其所以为子，各得其利，便是和。如臣处君位，君处臣位，安得和乎？"（《朱子语类》卷六十八）

看来，朱熹更加宣传每个人都应该安分守己，各尽其责，并且在君与臣之间划了一道不可逾越的鸿沟，他反复强调人与人之间的地位差别变不得，"纲常万年，磨灭不得"。谁也逃脱不了三纲五常的束缚。

当然，事实上，中国自汉唐的盛世达到最高点之后，总的说起来，居于东亚大陆的华夏民族在以往的扩张疆土的行动已经到了一个农业文明的极限，所以在唐以后越来越趋于守成。而守成的一个显著特点就是建立稳固的内部秩序。朱熹的理学就是迎合了这种时代的转变，所以受到了上上下下的尊崇。

站在最高统治者的立场上，当然愿意看到自己的江山永葆万年，而从一般普通平民的立场上，也当然希望整体社会秩序是稳定、有序的，而不是动不动有人起来造反，进入诸侯相争、战乱频仍的血与火的时代。

这样以来，朱熹理学的观念就得到了自上而下的全民共尊。

南宋以后的历代皇帝都非常推崇朱熹哲学，把它奉为官方哲学，科举考试的命题范围被越来越严格地限定在四书五经的内容之内，而答题的主旨观点则必须出自朱熹所注的《四书》。一般的读书人要跨过科举考试进入仕途的话，不得不谙熟朱熹所注的《四书》，就算不能倒背如流，也要正背一字不差。到了王阳明所处的时代，就更是如此。

这个时候，由于皇帝带头大加宣扬程朱理学（即程颐、程颢兄弟和朱熹共同的思想）。程朱理学已被看成是成名做官的僵化信条，而不是一门探寻真理的学术事业，一般的读书人读《四书》时不求甚解、囫囵吞枣、死记硬背，只为通过科举成就功名，反而丧失了理想和人格，往往形成了满嘴仁义道德、一肚子男盗女娼的局面。

但总的说起来，这些现象是无法怪罪到朱熹这些理学大师的头上的，它和人性自身的弱点有关。还是前面的那句老话，"一法立则一弊生"。一个良好的初衷和优秀的解决方案是难以万年不变、放之四海而解决一切问题的。一个方法、对策用得久了，难免会弊端丛生。这个道理也是很简单，就像一个人去看中医大夫，大夫在每一个疗程都要望闻问切，根据病情变化开出不同的处方，而不是一个药方吃到底的，如果药方不因病情而变，就很可能不起作用，甚至治出毛病来。

世事不断地变迁，观念不断地更替。当老的观念、规则不适应新的时代的时候，这个时候，思想家中的优秀分子就要站出来提出新的创举，用精神的光芒照亮一个新的时代。

这就是王阳明在未来要做的事。

阳明格竹

火车不是推的，圣贤不是吹的。到底怎样才能够实现自己做圣贤的理想？

夏日的一天，晌午的太阳把大地烤得滚烫滚烫。

又到了午饭的时候，家里人找来找去，找不到王阳明，急忙去禀报王天叙老爷子。老爷子心里不禁苦笑，心想莫非这小子又同当年一样跟着哪家的道士学养生成仙去了？

找来找去，后来终于在后花园的深处看到了一个身影，那个身影正一动不动地站在一片竹林前面，像是入了定。走近一看，正是孙子王阳明。

只见王阳明眼睛盯着面前的一棵竹子，目不转睛。

老爷子觉得奇怪却也见怪不怪了，上去拍了拍王阳明的肩膀问道："孩子，你在干什么呢？"

王阳明头也不回地说："爷爷您别打扰我，我正在'格'竹子呢。"

王阳明的这个造型定格在了历史上，后人称这一幕为"阳明格竹"。

王阳明到底在干什么？他在思索，"理"究竟在哪儿呢？"理"就在竹子里面，但是为什么就是不愿意出来呢？这实在是件辛苦的事情，王阳明废寝忘食地"格"了两三天，快要走火入魔，还没能把他梦寐以求的"理"给"格"出来，反而把自己格到了病床上。

王阳明的心中充满了疑惑，他怀着对先贤的敬仰诚恳地格物致知可是"理"却丝毫没有靠近他半分，虽然圣人说我们要一日"格"一物，终会有所得，但自由才思敏捷、充满好奇心与创造力的他开始纳闷了，朱子的理论真的正确么？"理"真的在竹子中么？

王阳明的这种做法，倒是颇有点儿类似于禅宗的参话头。在佛教里有个故事，有一个僧人参"如何是父母未生前本来面目"的话头，因为日也参、夜也参，参得"头面俱肿"，头和脸都肿了，久而久之疯疯癫癫、神经有些不正常了，每日手舞足蹈、流浪于市。一天，街上有人吵架，听到一句"我们家本来在地方上都是有面目、有面子的人"。他听到"面目"二字，不禁一时好奇走了过去，只见是一个舅舅在训斥自己的外甥，"你这样不务正业，搞得家人没有面目！"这僧人听了"没有面目"四个字，突然间豁然大悟，再也不疯了。

但是，为什么王阳明好好儿地参起了竹子的话头，"格"起了竹子呢？这从王阳明拜访爷爷的故人娄谅说起。

娄谅，江西上饶人，是当地著名的理学学者，学习程朱理学多年颇有造诣。爷爷指示王阳明去拜访他，请教学问。娄谅见是老友之孙，且王阳明礼数周到、态度谦和、悟性颇高，便高兴地和眼前的小伙子聊了起来，分享平生所学。他们从嘘寒问暖聊到了诗词歌赋，谈话内容逐渐深入。

谈着谈着，王阳明抛出了自己的疑惑："怎样才能成为圣贤之人？"

这问题真是出乎娄老的意料。他慎重地想了想，给出了一个理性而严谨的答案："成贤证圣，并非不可能之事。"

王阳明听到这个答案很高兴，追问道："那么到底怎样才能成为圣人呢，我该怎么做？"

娄老作为理学学者，给了他四个字的答案："格物致知。"

他说，格物以致知是成为圣贤的不二法门，圣人并非皆是天生，也是可以通过后天的努力修行来达到的。

在娄谅的指点下，王阳明把做圣贤的希望寄托在了理学先师朱熹身上。

在大明朝，朱熹朱大圣人拥有非常大的影响力，上到帝王将相下到黎明百姓无不奉若圭臬。唐高祖李渊为了显得自己出身高贵，曾以道教创造人老子为宗祖，而明太祖朱元璋为了同样的目的，曾认朱熹为先祖，可想而知，这时朱子的程朱理学成为了每一个读书人的官方必修教材，也成为了学问界毋庸置疑的真理。

朱熹之所以走上神坛，是因为他成功悟道。为什么说是悟道呢？老子说，"道可道，非常道"。换言之，道这个东西只能感悟，却难以言传。道是神奇的东西，就好比磁场一般看不见摸不着，却又无处不在并且时时刻刻地影响着我们看得见摸得着的世界，它隐藏着这个世界最至关重要的秘密。

道是真理，就如同当代前沿科学家们所追求的事情一样，他们想用一个公式囊括整个宇宙的兴衰存亡，而这个公式就是道。它乃是天地万物运行规则的总和，是极致的智慧。

每个人的问道之路各不相同的，科学家是通过研究自然，探究宇宙，寻找着自然哲学中的数学原理。对于西方人来说，在大不列颠得道的艾萨克·牛顿爵士就是最接近于上帝的人，和中国圣贤的地位差不多。对于朱熹而言，他得道的方式在于前文中那重要的四个字，"格物致知"。

朱子认为，世界万物都存在着"理"，这个"理"字无处不在，这个"理"字就是人间的大道，你只要参悟了"理"，你就可以得道而成圣贤，"理"在万物中，我们要如何才能把"理"挖掘出来为我所用呢？朱熹的办法就是"格"。研究物体，得到物体中蕴含的理，这就是"格物致知"这一问道的手段。

王阳明现在就想采用朱熹的这个做法。今天研究家里的板凳，明天换床试试，后天再"格"一下桌子，这样"格"来"格"去，那么，什么时候"理"才能出现，"道"才能悟得，王先生才能熬成圣贤呢？理学宗师程颐给了标准答案，"今日格一物，明日再格一物，豁然贯通，终知天理"。这句话很经典，表达的意思却很直白很无情，那就是你今天研究一个东西，明天研究一个东西，研究着研究着你就会"豁然"，然后就恭喜你了。

问题就在于，豁然开朗，是一个没征兆的一个突然间的顿悟。

虽然看不到终点，不过，王阳明的圣贤之路算是就此起步了。他开始了漫长的格物之旅。圣贤之路是艰辛而坎坷的，因为你看不到未来，路上也很少有人同行。

王阳明要给宋明理学看看病

如果王阳明没有出世，如果此后数百年间的中国还是程朱理学的天下，这样的局面实在是让人难以想象的。

人们仰望着圣贤的高标，一面赞叹圣贤的高洁和伟大，一面又觉得和自己的差距太大，实在难以做到，那就不如"满嘴仁义道德，一肚子男盗女娼"来得更实际些。这说明，这种理学教育已经不能适应新的时代了。

正如上面说到的，王阳明的气质是理想而叛逆、志向远大的。这样的人将不会仅仅满足于做一个传统礼仪道德的守护者、践行者、卫道者。他一定是不仅仅反思社会到底哪里出了问题，而是指导社会的主流理念和精神在哪里出了偏差。

以王阳明的抱负和个性，他也绝不满足于死记硬背经典的条文。他对于思想权威朱熹的"居敬持志为读书之本；循序致精为读书之诀"这句话也只是试一试，丝毫没当作不能违背的天条。

中国传统的中医有句古训叫"医者仁术，大功无利"。这时的王阳明把自己当成了一个医者，要给主流的意识形态看看病。他指出了程朱理学流转于当世的时候出现的几种病：

病症一，学习程朱理学的人多心术不正。

他说："大抵近世学者只是无有必为圣人之志。"（文录《与黄宗贤》癸末），他们学习的目的也只是为了"章绘句琢以夸俗，诡心色取相饰以伪"。（同上《别进甘泉序》壬申）

王阳明一针见血地指出了当时读书人读书的目的不纯。他们学习程朱理学是为了自我粉饰，向人卖弄；贬低他人，抬高自己；明讲仁义，暗谋私利。其实学习任何学科，何尝不是这样。如果你学习不是为了修身养性，提高自身素质，而是为了谋取蝇头小利，那么这门学科也会慢慢失去它的作用，而被人不值一看。

病症二，浅薄。

王阳明说：近世士大夫"徒考索于影响之间，牵制于文义之末，然以为是六经矣"。

这意思是说，士大夫们读书只是为了应试，只要弄清于表面文字就绰绰有余，哪儿管程朱深刻的思想内涵是什么，更别提向程朱所提出的去做一个圣贤之人了。王阳明非常鄙夷于这样的治学态度，认为与其看书得个一知半解，还不如不看，所谓"尽信书不如无书"。他自己则采取了批判的态度，对程朱理学的教材中有理有据的地方大加赞赏，对那些只为考试而学的部分则嗤之以鼻。王阳明二十一岁会试落第，别人都认为这正是他不专心读书、整天歪思邪想的结果，实应以此为耻。王阳明自己却笑而答言："考试又不能考出人的真水平，有什么可耻的呢？"当然，这也可见，中国的应试教育风气之盛，实际有着历史渊源而非一日形成的。

病症三，支离繁碎。

王阳明说："圣人之言，明白简言。"而今天的人却"使圣人易简实之训，反为千古不决之疑"。

这话的意思是说，当时的人们对程朱理学不能做到进一步的发扬，也提不出标新立异的见解，只能把一个陈旧的观点你分为两条、我说为四条，要是你解为八条，我还能分为十六条，就文索义，把本来简单直白的圣人言教越搞越繁琐、越搞越复杂，反而把问题说不明白。而一些士大夫们为此天天争得面红耳赤，还分不出个高低上下。王阳明看了这些滑稽可笑的样子，暗暗告诫自己千万不能像他们一样，而一定要寻求真知灼见、严谨治学。

病症四，知而不行。

当时的学者读圣贤书只满足于耳朵听懂，嘴上能说，根本没心思去在行动中体现。他们嘴上念叨着"仁义理智，吾固有之"，行动上为非作歹，抢取别人财富，看见良家少女便顿起歹心，早将所学知识抛于脑后，阳明对此更是愤恨不已。

第二章

初入 "职场" 的王阳明

刚进入体制内的"愤青"生涯

像王阳明这么一个智力超群的人，在科举方面却不十分顺利。

弘治三年（1490 年），王阳明的父亲让王阳明多看四书五经的经义和八股文章，以应对即将到来的科举考试。

于是，王阳明白天跟着大伙儿一块上课，晚上搜集诸子百家的经书，广泛浏览，常常看书直到深夜，有时家人都已一觉醒来，却见王阳明仍在秉烛夜读。

学霸是可怕的，一个刻苦用功的学霸就更加可怕了。王阳明勤奋苦学，使他在传统学问上取得了长足的进步，也使别的同窗望尘莫及。

1492 年，王阳明二十一岁时，在浙江参加了乡试，中了举人。

随后在第二年，去京师参加了会试。不料，因他在答卷中所做的文章思路太过新颖，与程朱理学格格不入，不能被主考官接受而名落孙山。

王阳明于是继续准备。再过三年，继续进考场。无奈的是，这一次，老天又没有垂青王阳明，落榜的命运又一次降临在王阳明的身上。

这倒是很有意思的事，一个未来的大思想家却连科考这一关都不能顺利通过。

但是，思想家就是思想家。在发榜的现场，榜上有名的，自然是欣喜万状、得意忘形，而那些在榜上找不到自己的名字有的垂头丧气，有的嚎啕大哭。而同样落榜的王阳明却无动于衷。大家以为他是伤心过度，于是都来安慰他。他的脸上却掠过了一丝沧桑的笑容。

接下来，王阳明悠悠地说了那句著名的话："你们都以落第为耻，我却以落第动心为耻！"

王阳明开始反省二十年来的求学生涯，虽然自己读过许多书，虽博却不精，很多知识也是一知半解。他迅速调整了自己的学习方法，循序渐进。

弘治十二年（1499 年），今非昔比的王阳明第三次参加会试，功夫不负有心人，在笔试中他拿到了第二名的好成绩，而在接下来的面试中，他被明孝宗钦点为二甲，虽说不及他老子王华的状元头衔来的威风，好歹也算是对家里的亲朋好友、对社会有了个交代。当然，比起那些有志于仕途，奋斗一辈子还是个秀才的同志就幸运多了。

只不过，由于在二甲中排名不够高，王阳明没有混进明代官场上前途无量的储备干部训练营——翰林院，而是被分配到了工部担任观政。尽管这是一个芝麻绿豆的小官，不过，来日方长嘛。

在任上，王阳明老实做人、踏实工作。在任职期间，他曾担任威宁伯王越坟墓修建工程队的监工，他在不违反朝廷规定的情况下，把威宁伯墓监造得大方端庄，工程十分圆满，使得威宁伯的家人十分满意，纷纷赞扬王阳明处事得体、办事能力强。威宁伯的儿子还把自己已故父亲的配剑赠送给王阳明，以表万分感激与尊重。从此这把寒光凛凛的宝剑就一直跟随着王守仁。

1505年，十五岁的少年天子朱厚照登上大位时，是为明武宗，明朝第十位皇帝。这时，王阳明已做了五六年位低权小的闲官。

这个时候，用八个字的老话来形容王阳明的心境再恰当不过，"生不逢时，怀才不遇"。

臣下不为王者所用，这大概就是汉唐英才曾经无数次地悲叹过的事情了！

我们知道，在秦汉以前，在群雄争霸的春秋战国，中国的士人地位之尊崇达到了一个空前的高度。那个时代是"得一士而得天下的时代"，有才能的士人则待价而沽，游走于各个诸侯之间，哪里有施展的机会、能得到主家的重用就去哪里，正像俗语说的"此处不留爷，自有留爷处"。

诸侯公子们则竞相"养士"以壮大自己的实力和本钱，想尽办法展现自己的德行以笼络士人加入自己的麾下。例如著名的战国四大公子孟尝君、平原君、信陵君、春申君，由于手下有一大批有才干的门客，他们的国家先后称霸。这真有点儿像今天自由流动的人才市场。

但到了秦汉以后，大一统国家的形成，中央集权的治理体系绝不允许力量足以和自己对抗的政治集团存在。由于只有一个高度集权的合法政权存在，造成了天下的人才只能为皇帝一人所用的局面。

士人再也无法任意地游走于不同的政治势力之间，而只能乞位于中央王朝，大大失去了往日身份地位上的荣耀和尊崇，而渐渐成了效命于主上的奴才。

在大一统的国家里，士人得以施展抱负、实现自我的途径大大变窄，基本上就只剩下进入皇权体系内为一个皇帝效命，换句话说，要想实现抱负，只能进入封建官僚体制内。应该说，权力的资源在什么时候都是稀缺的，所谓的士人怀才不遇在接下来的千多年间，也就成了一种极为常见和普遍的现象，这是封建时代的一个体制性问题。

这时的王阳明，也就这般地被怀才不遇的烦恼深深地困扰着。

王阳明刚刚登第做官，还没来得及细品金榜题名的荣耀与甘甜，胸襟里的志向和热血就开始翻滚起来。

是的，对于王阳明这样的人来说，登第做官不是他的终极目的，而只是他实现抱负的手段而已，否则他会认为自己愧对了"抱负"二字。

王阳明经过一番详实的实地调查研究，向当时的皇帝明武宗朱厚照郑重提出了巩固边疆的"便宜八事"，内容大概是："一曰蓄材以备急；二曰舍短以用长；三曰简师以省费；四曰屯田以足食；五曰行法以振威；六曰敷恩以激怒；七曰捐小以全大；八曰严守以乘弊。"王阳明在建议中并对这八条作了详细说明,所举材料有根有据。

但是,辛苦的劳动换来的却是失望。这时的王阳明,在政治上太不成熟了。不但皇帝没有理睬他的良谏,王阳明反而因为刚刚当官求功心切,常与人冲突,甚至遭到别人的非议。

这时的王阳明,一腔热血化成了涓涓诗雨,他在《登泰山王首王》中写道:

> 我才不救时,匡扶志空大;
>
> 置我有无间,缓急非所赖。

意思是说,自己空有一番报国之志,但却得不到重用,使他无比惆怅。

年青的王阳明便把视线投向了广阔精深的大自然,在人迹稀少的深山中寻找生命的足迹,并写出了大量流露隐逸情怀的优美诗篇,充分展示了文学青年王阳明的才华。例如他的《四绝句》:

> 人间酷暑避不得,清风都在深山中。
>
> 池边一坐即三日,忽见岩头碧树红。

《化城寺六首》之一:

> 化城高住万山深,楼阁凭空上界侵。
>
> 天外清秋度明月,人间微雨结浮阴。

《游牛峰寺四首》之三:

> 偶寻春寺入层峰，曾到深疑是梦中。
>
> 飞鸟天边悬栈道，冯夷宿处有幽宫。
>
> 溪头晚度千岩雨，海月凉飘万里风。
>
> 夜拥苍崖臣丹洞，山中亦自有王公。

这一首首优美的诗句连同深山中那流连忘返的景色，仿佛一股清澈的泉水缓缓流过王阳明的心田。

在官场上，冷眼恶语曾劈头盖脸地向他砸过来，令人难以忍受。与此相反，深山中是一个多么安静舒适的场所，这里没有冲突，没有纷忧，没有束缚，一切都是自行自止，自生自灭，一切都保持着最本真的自我。

王阳明不禁深深地陶醉其中，他感叹道："终年走风尘，何似山中住。"他深深地被大自然的巧夺天工所吸引，被大自然的磅礴气势所征服着。

不过，王阳明并没有准备终身远离尘嚣，过隐居的生活。他建功立业的大志还远远没有磨灭，对国家和生民的牵挂时常萦绕心头。他要在良辰美景中找回自我，等到经验足了，力量够了，他又将走出深山，一展宏图。

然而，"天有不测风云"，一场大的灾难正悄悄降临，差点儿将王阳明致于死地。

王阳明的大"BOSS"——明武宗正德帝

心学大师王阳明的生涯与这位明武宗可谓大有干系，他一生最苦难和最辉煌的事情都是在明武宗期间经历的，既在明武宗的正德朝期间的政治内争中差点被整死，又在此期间为大明朝立下了赫赫的伟绩。

明武宗是个什么样的皇帝呢？从历史的记载来看，好像明代是比较盛产"奇葩"皇帝的一个朝代，而其中最"奇葩"的一位，被认为就是这位明武宗正德皇帝朱厚照。

明武宗朱厚照，明孝宗朱佑堂之嫡长子，1491 年生，这真是一位 500 年前的"90 后"啊。而这个 90 后在新世纪之初的 1506 年，也就是他 16 岁的时候即大位，年号正德，是一个典型的少年天子。他在痛痛快快地做了 16 年皇帝后，于 1521 年驾崩，享年仅 31 岁。

从史书的记载和所谓的民间传说来看，明武宗这个人确实是没有个正经皇帝的样子。人们所见的记载，核心内容大抵都是在大肆地渲染和细致地描绘这位皇帝的寻欢生活以及他的太监们和左右几个玩乐随臣，而对他的处理朝政和军务方面，却往往是隐约含糊、轻轻带过。

在明武宗正德朝的国事治理中，先有"八虎"太监之首的刘谨曾一度深得武宗信任，乃至于在两三年间权倾天下，威势加于外廷众大臣。但这位在史上大名鼎鼎的强势太监刘谨，终于被"八虎"之一的张永扳倒，并被处死。之后又先后有钱宁、江彬等武人受到明武宗恩宠，但却没有谁能够再如刘谨那样一手操控朝政。

明武宗在位期间，众所周知的出格事还有这么几起：一是长年住在"豹房"，二是曾以边防重镇宣府为"家"长驻，三是曾违背祖制数度找理由出京巡游。

照理，这有幸投胎在帝王家的朱厚照也绝对算得上是天生金贵了，可不知为什么，这个年轻人却毫不留恋金碧辉煌的紫禁城。即位不久，他就在紫禁城的西北角，也就是今天的北海公园西侧一带，营建了自己无拘无束的独立小天地——豹房（豹房并非是武宗的创建，原本是当时的达官贵族豢养虎豹等猛兽以供玩乐的地方，在元朝时期就已经有此风气），并于正德二年（1507 年）入住，直到正德十五年（1521 年）辞世，一直安居在那里。这固然可以看作是明武宗对自身所处物理空间的第一次突围，也是他对自己人生的第一次突围。明武宗很不习惯紫禁城里的种种规矩、礼制及条条框框，这对性情潇洒、喜欢自由、阳光帅气的他来说似乎是一种必然。

对明武宗来说，豹房固然是他自由自在的安逸享乐之家，在这里可以荒淫无度，这里却也是他处理军政大事、接见大臣与贵宾的办公场所。

不过，正德朝一系列的事实证明，明武宗的决策，大多都是果断而正确的。明武宗虽罕入大内，但却时常上朝听政，批答奏章，就重大问题拍板决策。即使有时候不想上朝，明武宗也会传达自己的圣旨指令内阁执行。

有一句著名的话，叫"历史往往是由胜利者书写的"。有学者认为，《明史》由于是清代所修撰，出于巩固满族统治的目的，为了让广大不明真相的群众觉得汉族皇帝很差劲、很糟糕，《明史》修撰者在满清统治者的指示下，处心积虑地在文字上进行了种种歪曲和丑化明朝历史的操作。除了隐去明代许多文治武功方面的闪光点外，除在明代的酷刑、太监、锦衣卫等问题上大肆渲染、大做文章之外，更刻意把明朝的多数皇帝使劲往残暴、荒淫、昏庸、弱智等几个方面写。而有关明武宗的历史记载，很可能是被削删篡改得最为严重的案例之一，也就使他成了荒淫无道的昏君典型。

和大太监刘瑾的对抗

明武宗即位后不久,出现了宦官刘瑾专权的局面。

宦官问题是中国几千年封建政权的毒瘤。各朝各代将这个问题处理得好的并不多见。中国历史上曾经历了三次最黑暗的宦官时代:第一次是在东汉后期;第二次是在唐朝后期的九世纪;第三次则是从公元1435年王振当权一直到明王朝覆灭为止。

明代的宦官虽然没有东汉之末和晚唐时期那些宦官的气焰凶,势力大,也不像汉唐的宦官那样,把皇帝的立、废、生、死都操于自己手中,但是,明代的宦官用事最久,握有的权力极大,在中国宦官史上力拔头筹。自永乐朝起,宦官逐渐得势,从此一直到明思宗缢死煤山。

二百多年间,宦官们熙熙攘攘,你去我来,活跃在朝堂之上,上演了一幕幕荒诞剧,甚至出现"九千九百岁"的魏忠贤这样颇为奇特的历史现象。奸佞之生不偶然,半由人事半由天。让我们从魏忠贤的前辈们谈起。

本来,草根出身的大明朝开国皇帝朱元璋雄才大略,戎马一生,为后代的江山计,不惜将功臣、大将们兔死狗烹,权力禁脔,又岂容宦官染指?他亲眼目睹过元末宦官的危害,下决心从根本上铲除宦官干政的一切可能性。

洪武十年(1377年),有一名老太监,完全是出于一番好意,指出公文中有明显的错讹。朱元璋明知太监说得对,仍然立刻下旨将这名太监逐出皇宫,遣送回原籍,原因是这名太监"干政"。

洪武十七年(1384年),朱元璋又特意铸一铁牌悬挂在宫门上,铁牌上写着："内臣不得干预政事，犯者斩。"这时候，宦官的权力跌入了历史的低谷，不仅不允许干预朝政，更不能与官吏串通一气，甚至连给自己置产业的权力也没有。

但是，到了明成祖朱棣时代，这一铁的纲纪发生了微妙的变化，皇帝不但开始不再警惕宦官，而且开始把宦官视为心腹，当作控制外廷大臣的一股重要力量。"内臣不得干预政事"被悄悄地改为不得擅自作主。

朱棣之所以任用宦官，是因为在夺取皇位的"靖难之役"中，多次得到了皇宫内外的宦官们的重要襄助，他自己手下的宦官还在战场上立下了战功。于是，明代的宦官悄悄地走上了问鼎权力巅峰的第一步。

朱棣先后派李兴使暹罗（今泰国），郑和下西洋，侯显使西域，王安等督军营，马靖巡视甘肃。永乐十八年（1420年），又增设东厂，委任宦官主持，专门侦察刺探臣子民众情形。这样，宦官可以出使、专征、监军、分镇以及刺探臣民隐情，大权在握，为后来的宦官专权提供了条件。

到了明英宗朱祁镇时代，宦官权力进一步扩张，大太监王振利用朱祁镇的信任假传圣旨，总揽朝政，没有人能控制他，不但成为太上宰相，而且成为太上皇帝，以至酿成了"土木堡之变"，明英宗在与北方蒙古瓦剌部落的战争中全军覆没而被俘获，禁卫军官樊忠悲愤交加，用铁锤把王振击杀，随后战死。"土木堡之变"是大明王朝从兴盛走向衰败的转折点。

明代宦官权力全面扩张是在宪宗朱见深统治时期，他赋予亲信宦官汪直以军政大权。

到了明武宗朱厚照这里，他十五岁即位，从小就跟他在一起的玩伴宦官刘瑾关系亲密，犹如朱祁镇的玩伴王振一样，刘瑾便利用皇帝的信任渐渐掌握大权。

刘瑾本姓谈，六岁时被太监刘顺收养，后净身入宫当了太监，从此改姓刘。其后得以在东宫侍奉明武宗朱厚照，博得宠爱，数次升迁，官拜司礼监掌印太监。

刘瑾的性情狡诈阴险，曾仰慕王振的为人，每天向皇帝进献鹰犬、歌舞、摔跤等游戏，引导皇帝微服出行。皇帝玩得开心，就愈加重用刘瑾。正德元年（1506 年），他执掌钟鼓司，与马永成、高凤、罗祥、魏彬、丘聚、谷大用、张永一起以旧恩获得明武宗宠幸，人称"八虎"。时人称他为"立皇帝"，武宗为"坐皇帝"。

有了权势之后的刘瑾和很多贪官一样也开始敛财。他的手法也没有什么创新，索贿、受贿、贪污，都是一般的手法。只不过他的胆子比一般的贪官大了很多，因为他的上边仅有一个皇帝。

作为一个太监，刘瑾的性格和一般的贪官还不一样，如果他向你伸手要钱，你就必须给他，否则报复起来比一般的贪官更心狠手毒。有人刚获升迁，刘瑾便向他要"贺印钱"，其实就是索贿，言外之意是：没有我同意，你根本就做不上这个官。那个人不肯给，刘瑾马上就下令让他退休回老家。

刘瑾受起贿来也是来者不拒，刘宇刚上任巡抚时，用万金向刘瑾行贿，使刘瑾喜不自胜。后来刘宇又先后给了刘瑾几万两银子，结果一直升迁到兵部尚书的位子上。其他的官员多数是害怕刘瑾对自己打击报复，于是各地官员进京朝拜述职时总是要向刘瑾行贿，叫做"拜见礼"。少的要上千两，多的则五千两，有一年，考察地方官时，竟有贿赂两万两银子的。

刘瑾等人还处处干预朝政，由此引起了领孝宗之命辅助朝政的内阁大臣刘健、谢迁、李东阳等人的不满，一场残酷的政治斗争就这样开始了。

当时，刘健、谢迁等内阁大臣与掌管司礼监的太监王岳联手，以图一举杀掉刘瑾等人，但最终的结果却是，刘瑾利用和武宗亲近的便利关系，同时收买了另一些高级官员，如吏部尚书焦芳，又加之最后时刻内阁大臣李东阳的退缩和明哲保身，反倒使刘健、谢迁等被赶出了朝廷。

与此同时，刘瑾等"八虎"掌握了东厂和西厂，大肆缉拿曾经反对他们的官员，一时间朝廷上下一片恐怖气氛。

在这里有一点值得一说，就是刘健、谢迁等人的失败，和他们很不注意斗争的策略有关，一开始他们就采取非常极端的手段，并且很不给皇帝留余地，处处逼迫明武宗诛杀刘瑾等人。反观刘瑾这边，并不与刘健等人发生正面冲突，而是先在皇帝面前示弱、哀求以博得同情，后巧妙地将斗争的矛盾转移到了他们和司礼监的王岳身上。

用刘瑾等人的话说就是，我们和内阁大臣们本来没有什么矛盾，而是王岳和我们有仇，说什么我们给皇上您进献狗马鹰犬是祸国殃民，是他怂恿大臣们来弹劾的。

在一番看似入情入理的攻势之下，明武宗听了果然大怒，撤去了王岳司礼监的职务，改由刘瑾执掌司礼监。

廷杖和贬官

愤青的出现，是由于对自己的现状、对社会的现状不满。这时的王阳明进入了"体制内",从此往少了说可保衣食无忧,进而还有大量的机会升官进爵、光宗耀祖,从而会使王阳明打心底里感恩赐予了他这一切的皇朝。

但接下来的事实证明,并不仅仅是草根中出愤青,这时已身为杰出青年的王阳明并没有改掉他的愤青本色。大概,真的愤青,是那种敢于直面惨淡的人生、敢于正视淋漓的鲜血也不敢初衷的,才配得上这样的称号。

就在内阁大臣刘健和谢迁在与宦官刘瑾的政治对抗中失利并被驱逐之后,南京户科给事中戴铣、监察御史薄彦徽等人仍然坚持上书,要求除掉刘瑾等人,将刘健、谢迁等人请回来。其结果是,这两人也立即被逮捕并投进了锦衣卫的大牢。

就在这个时候,王阳明出场了。

王阳明当时正在兵部主事的任上,位居六品官,官不大,但年轻气盛、正义感不小。他的政治立场显然在刘健和谢迁这些内阁大臣一边。一听说戴、薄两位忠直之士遭受到这样的冤屈,就准备替他们出头。

刘瑾的威势和能量谁人不知?家里人苦苦相劝,要王阳明不要做傻事,以免保不住自己的职务,以及住房、工资、五险一金,等等,而最重要的是别把项上的这颗脑袋一不小心弄掉,吃不上第二天的早餐。

可是,"我不入地狱,谁入地狱?"王阳明什么劝阻也没听进去,凛然正气已经充斥着他的胸膛乃至全身。他恳切地向皇帝写了一份奏章,要为二人讨回公道。

王阳明写下了一篇《乞宥言官去权奸以章圣德疏》,为死去的蒋钦、戴铣鸣冤：

"臣闻，君仁则臣直。今铣等以言为责，其言如善，自宜嘉纳；即使其未善，亦宜包容，以开忠谠之路。今赫然下令，远事拘囚。在陛下不过稍事惩创，非有意怒绝之也。下民无知，妄生疑惧，臣窃惜之。自是而后，虽有上关宗社安危之事，亦将缄口不言矣。伏乞追回前旨，俾铣等仍旧供职，明圣德无我之功公，做臣子敢言之气。"

不过总体来说，王阳明还是讲策略的，他并不想触怒刘瑾太过，不想做无谓的牺牲。这个奏疏写得也算是点到为止，既不批评刘瑾的专权，又不讽刺武宗的胡闹，而是相当委婉地提出了一点建议。按说对于这样一个职位低微的小吏，他的奏疏完全没必要看，他的意见也可以根本就当不存在。你越认真对待，就显得对他越重视。你越是要惩罚他，就越显得他不平凡。

90后非主流的武宗小朋友当然不可能看到这份奏疏，看到它的是刘瑾。刘大总管不知道哪根筋出现了问题，憋足劲要和一个六品小官死磕到底。他自行拟了一道圣旨，以武宗的名义，廷杖王阳明四十，关入锦衣卫大牢。

廷杖可不是闹着玩儿的。这种对朝中官吏实行的惩罚古已有之，而到了明代为最盛。朱国桢《涌幢小品》卷十二载："成化以前，凡廷杖者不去衣，用厚棉底衣，重毡迭帕，示辱而已。正德初年，逆瑾（刘瑾）用事，恶廷臣，始去衣，遂有杖死者。"

常言道：士可杀不可辱。但明代偏偏一改"刑不上大夫"的古训，将这种既带有惩罚、又带有羞辱的刑罚施之于朝官。行刑的时候，如果监刑官脚尖张开，那么就是"着实打"，可能会导致残废，而如果监刑官脚尖闭合，那么就是"用心打"，则受刑的人必死无疑。大宦官刘瑾曾先后毫不留情地在午门杖死过 23 个胆敢反对他的大臣。

廷杖最高的数目是一百，但这已无实际意义，往往打到七八十下，被打之人已死了。廷杖一百的人极少有存活的记录。照这样算来，王阳明的命至少也丢了半条。

廷杖就是这样的残酷。可是，为了替公义发声、为了践行自己的职守、尽人臣之份，谏臣们争相赴死。当然，又像历史学家黄仁宇指出的那样，由于大臣们被杖之后，往往会以敢于廷争面折而名闻天下。虽说人人都怕死，但用屁股上挨板可以换来名垂千古。故而，有的时候不管朝廷讨论的事情是对是错，纯为反对而反对，而冒险骗取廷杖倒也不乏其人。当然，王阳明挨廷杖的绝不是为了后者的原因。

好，王阳明被打完屁股还不算，又被一脚踹进了锦衣卫的大牢。屁股上的伤还没完全好，冬天来了，他的肺病又发作了，在阴暗潮湿的锦衣卫大牢里，真的生不如死。

也好在王阳明的少年时代爱好广泛、德智体全面发展，不光是死读书，文的武的都涉猎过，并非全然一个文弱书生，否则，这一番残酷的折磨之后，搞不好一代心学大师早早地就送命了。

但是，王阳明活了下来。

每天晚上，他都难以入眠，感觉黑夜没有尽头，并渐渐地已感觉不到白昼。在这样的严酷条件下，他很难做到当初落榜时的"不动心"。要是到这个时候都还不动心，那就是行尸走肉了。期间的心境，可见当时的诗作，如《狱中诗十四首》中的《不寐》：

天寒岁云暮，冷雪关河过；

幽室魍魉生，不寐知夜永。

惊风起林木，骇若波浪汹；

我心良匪石，讵为戚欣动。

滔滔眼前事，逝者去相踵；

崖穷犹可涉，水深犹可泳，

焉知非日月，胡为乱予衷！

深谷自逶迤，烟霞日悠永，

匪时出贤达，归哉何耕垄！

涓涓细笔流露出诗人的真情：悬崖再高也可以跋涉，水再深也可以游泳，可把我关在这寒风凛冽、漆黑孤独的牢房里什么时候有个尽头？真不如早些回家去种田呀！

牢坐够了，刑满释放。好歹王阳明是体制内的，那就继续用体制内的办法收拾他。朝廷把王阳明的职务降到了什么程度呢？降到了低的不能再低，和庶民老百姓就隔一张草纸的程度——王阳明被命令前去距京城千里之外的贵州当龙场驿驿丞。

龙场驿驿丞是个什么官？龙场驿丞，是龙场驿站的主管，龙场是个地名，在今天的贵州修文县，位于贵阳西北部七十多里地的万山丛中，那里大概已经接近了大明西南疆域的边陲。

这对于王阳明来说无异于流放。用现代的话说，王阳明的政治生命算是完结了。

在被廷杖后又被贬官，可以说王阳明进入了他一生中的最低谷，而另一段惊心动魂、斗转曲折的人生旅途也便就此开始。

贬官途中的步步惊心

明武宗正德元年（1506 年）冬，王阳明因反对宦官刘瑾被廷杖四十，谪贬至贵州龙场当驿丞。到第二年的夏天，王阳明养好了伤，擦干了眼泪，收拾好行李开始经钱塘赶赴谪所，向贵州龙场开始挺进。

料峭春风吹人冷。王阳明的好友汪抑之、湛若水、崔子钟等人前来送行，免不了又是一番赋诗壮行。湛若水写道：

> 皇天常无私，日月常盈亏。
>
> 圣人常无为，万物常往来。
>
> 何名为无为？自然无安排。
>
> 勿忘与勿助，此中有天机。

另一首是：

> 天地我一体，宇宙本同家。
>
> 与君心已通，别离何怨嗟？
>
> 浮云去不停，游子路转赊。
>
> 愿言崇明德，浩浩同无涯。

值得一提的是，送行的人里似乎还有一位女子，其姓名已不可考，这是从王阳明的一首回赠诗中看出来的：

> 忆与美人别，惠我云锦裳。
>
> 锦裳不足贵，遗我冰雪肠。

> 寸肠亦何遗，誓言终不渝。
>
> 珍重美人意，深秋以为期。

或许皇帝都忘了王阳明这个人，但有一个人没忘，就是刘瑾。这注定不是一次平安、惬意的旅程。

有一天，王阳明和随行监管他的小吏行至杭州地界，一行走得已是人困马乏，便落脚在一个小客栈里歇息。监吏知道王阳明是得罪了上头的大老虎而遭廷杖发配的倒霉蛋，不把王阳明放在眼里，只给他很少的干粮充饥。王阳明也是累得筋疲力尽，草草果腹之后倒头便睡。

夜半时分，睡梦之中，王阳明隐隐约约听见监吏正在同一个陌生人低声说话。他断断续续听到这样的话，"……刘丞相让你明天在谪所找机会把他干掉……"随后，又看到陌生人递给监吏一些银两。

王阳明一惊之下睡意全消，冒起一丝汗意。他暗想，刘瑾的狠毒果然不是盖的，这就是要斩草除根、要自己的命啊，怎么办？他不禁在心里把以前读书时学过的三十六计从头到尾复习了一遍，才又昏昏沉沉地睡去。

第二天起床后的王阳明失魂落魄、如痴似颠，一扫昨日慷慨赴义、打死不服的英雄气势，嘴里不停喃喃自语着"世道如此黑暗……生不如死……"之类的糊话。还找来一杆秃笔，在墙上进行了一番涂鸦，他涂的是一首诗：

> 学道无成岁月虚，天乎至此欲何如？
>
> 生曾许国惭无补，死不忘亲恨不余；
>
> 自信孤忠悬日月，岂论遗骨葬江鱼。
>
> 百年臣子悲何极？日夜潮声泣子胥。

意思是说，时间飞逝，现在我却在道学上一无所成，老天啊，到了这个地步该怎么办呢？生前想报效祖国，现在深感惭愧无法补救。现在要死了，想起双亲，感到无比的愤恨。曾经自信满满一片忠心可比日月，现在却要葬身鱼腹。这对于臣子来说是多么悲惨的事情，这日夜起落的潮声，像是为那春秋时蒙冤自尽的伍子胥般的自我而哭泣吧？

涂完一首之后，王阳明意犹未尽，又继续挥笔写道：

> 敢将世道一身担，显被生刑万死甘。
>
> 满腹文章宁有用，百年臣子独无惭。
>
> 涓流禅海今真见，片雪填沟旧齿谈。
>
> 昔代衣冠谁上品，状元门第好奇男。

意思是说，我王阳明敢于担当世间的重任，即使个人粉身碎骨也心甘情愿。虽然这满腹的文章没有什么用，但我做臣子自问于心无愧。江河和大海现在依旧在，雪花却只能停留在人的交谈中。从古至今谁是人中的极品？就是我王阳明，这个出身状元之家里的好男儿。

写完诗，王阳明步出房间。

苏杭一带本是水乡，他信步来到了不远处的钱塘江边，对着深不可测的江水凝望了几分钟，拉出了要进行高台跳水的架势。这让随行的监吏大为意外。不过，监吏紧张了五秒钟，就放松了下来，干脆装着什么也没看见掉头而去。

监吏想，反正上头交待要王阳明死，他要自寻短见正好免得自己动手，刘瑾那边也有了交待，这事就算圆满了。

王阳明用余光看到监吏离开，接下来他做的第一件事是，飞快地脱下自己的衣冠和朝靴，整齐摆放在湖岸边，这大概是投湖自尽前的标准告白，意即本人已死，有事请烧纸。

王阳明做的第二件事就是拔腿飞跑。直跑得气喘嘘嘘、汗流浃背，料定监吏即使发现他逃跑也已无法追上他，才坐在道旁的石头上歇息。过了一会儿，定了定神之后，王阳明从容地整了整自己的衣服。

他下一步的打算是：绕过武夷山，经鄱阳湖去南京。他的父亲这时正在南京为官。他准备先去探望一下自己的父亲。

拿定了主意的王阳明这时迈开大步，向南京进发。

一日，赶了一天路的王阳明眼看天色将晚，却前不着村后不着店，尽是荒山僻野。无奈王阳明拖着疲惫的步履继续赶路。

又不知走了多久，借着朦胧的夜色，王阳明看到不远处出现了一座破庙，不禁心中一喜。

因为王阳明是明朝人，没有机会看到清代蒲松龄写的《聊斋志异》，丝毫没有考虑到晚上在这里投宿，可能会发生倩女幽魂之类惊悚的事，在这方面的心理阴影面积几乎为零。他想也没想就准备在这里落脚了。

到了破庙前一看，只见尽是废墙颓壁，庙门也不知哪去了。疲惫已极的王阳明管不了许多，进到庙里，放下随身包裹，一倒头就沉沉地睡去。自己意气风发的少年时代、慈祥的父亲，以及考中科举入仕、按在冰冷的地上挨廷杖、刘瑾那阴沉的脸，一幕幕的图景在梦里轮番上演着。

不知过了多久，王阳明梦得正深，忽然听到几声低沉的嘶吼。

王阳明努力睁开朦胧的眼睛扫视了一下，不禁惊出一身冷汗。

只见一只体型庞大的黑影正逡巡来去，向自己一步步逼进。

他定睛一看，啊，是一只斑斓大虎！

这真是才出狼窝，又入虎口。

面对近在咫尺的猛兽，赶了几天路、浑身酸痛无力、这时计无可施的王阳明心里长长地叹息一声，没有死在廷杖之下，也没有被刺客在杭州暗害而死，却想不到今天要丧命于此，这真是天要灭我吗？罢了，既然是天意，就听天由命吧！

这时的王阳明干脆什么也不想了，闭上眼睛横下一条心，一动不动，等待自己生命最后时刻的到来。

又不知过了多久，好像什么也没有发生，王阳明试着掐了掐自己。痛，我还活着。他睁眼一看，却见那只大老虎叼起了自己行李，悠哉游哉地扬长而去。

又一次死里逃生，王阳明再也不敢睡了，睁着眼睛，好不容易等到天边露出第一丝曙光。

第三章

龙场破天一悟

悟道，道悟

古代中国人创造了很多和心有关的词汇，诸如：心花怒放、心安理得、心心相印、心想事成，等等。这些词汇千百年来在人们的日常生活中普遍应用，实际上其含义早就不是最初造词时的含义了。

比如说吧，心想事成这个词，在今天的生活中是一句美好的祝愿之辞。可是它背后的哲理之深一般我们不会去注意。佛教有"一切唯心造"的说法，这里"心"并不指我们的思维，这一点特别值得强调。它指的是佛教唯识宗的第八识心，换句好理解的话说，是我们潜意识中的潜意识。这个心不得了，它造就了我们的主观方面，例如我们的思维、我们的身体，还造就我们生活中的客观方面，例如山河大地、一切身外之物。这个心一动，万事万物就开始形成，这就是心想事成。这是佛教的理论。

再比如心安理得。在佛教里有一个典故，神宗的二祖慧可禅师面见中国禅宗的初祖达摩，问曰，"我心不安，请大师为我安心"。达摩回云，"将汝心拿来，我为汝安"。慧可过了一会儿，说，"遍觅不得"（我找来找去找不到自己的心）。达摩说，"好，我为汝安心竟"。由于心安而悟入真谛、真理，这可以说是"心安理得"的最初含义。

至于心心相印，在今天是爱人之间、至亲好友间高度默契的一个形容词。但这个词本来是出于中国佛教所独有的祖宗，所谓师、徒之间不搞形式化法位传授，而是以心中默默的相契、以心印心来传递第一义谛。

再如一些今天常用的词汇，例如，观念这个词，意即观照自己的念头起灭，本来是修行的一种心法方法；再如"执着""相对""究竟""刹那"等等无以数计的日常词汇，实则都是源于宗教的名相。

还有许多与心有关的词汇，如灵机一动、恍然大悟、豁然开朗，事实上，这些词语在最初出现的时候，描绘都是古代的道者在修行过程中迸发出巨大感悟的那一刻，心境的巨颤、世界观的陡转，就在电光石火的一瞬间完成了。

我们知道，唐宋时期是佛教禅宗的盛世，人才辈出，号称"开悟如麻"——悟道的禅者如麻似粟。只不过，许多悟道者闻满天下，而更多的则隐乎山林乡野之间，影响一方，乃至只在禅宗的公案语录上留下只言片语的记载。

这关于这些禅者顿开大悟的诸多故事中，有一则著名的"击竹悟道"的故事。

唐代著名的智闲禅师出家后潜心修行。很多年过去了，他先后参访著名的百丈禅师、沩山禅师，却始终不能彻悟。

他曾屡次去方丈室，苦苦乞求沩山禅师为他说破真谛，但却遭到沩山禅师的无情拒绝。沩山禅师说，"我说了终究是我的，不是你的。我如果今天向你明说，你以后要骂我的！"

智闲禅师被沩山禅师这一番话说得茫然无对，绝望之余，他继续四处游方，最终在一个山间寺院住了下来，每天耕作除草，农禅并举，却仍念念放在内心的修持上。

有一日，智闲禅师正在田地里除草，看到一块瓦砾，便随手捡起来扔了出去，不经意间恰好打在田边的竹子上，发出"啪"的一声清脆的响声，他忽然之间恍然大悟，这真是"踏破铁鞋无觅处，得来全不费工夫"！

他急忙回到房内沐浴焚香遥礼沩山禅师说，"和尚果真是大慈大悲、恩过父母啊！"并随即写下了一首诗表达自己的感悟：

> 一击忘所知，更不假修持。
>
> 动容扬古路，不堕悄然机。
>
> 处处无踪迹，声色外威仪。
>
> 诸方达道者，咸言上上机。

究竟这首诗表达了什么意思这里不多解释。但是我们要明白这样的道理，那就是，从表面上看来心开悟解、恍然大悟的飞跃似乎是在一瞬间就完成了；但实际上，心灵的升华要靠长期的用心和不断的磨砺才可能实现。表面上看是"得来全不费工夫"，却须以"踏破铁鞋"的心路历程来做铺垫。

对于王阳明来说，也确实经历了"踏破铁鞋"的心路，也终于有了那"破天一悟"。没有龙场的破天一悟，王阳明就不会是那个以心学声震宇内的王阳明。照这样说来，龙场悟道，大概是王阳明的心途上最惊心动魄、最石破天惊的一段路程。

父亲的教诲

从廷杖之下苟全性命，又从阴谋暗杀中逃出生天，这时的王阳明正在走向南京的路上。王阳明躲了多年的父亲王华，此时就住在南京做官。正如前面交代的，由于王阳明得罪了权监刘瑾，殃及父亲王华，也被外放出京城，迁职到了南京作礼部尚书。

本来，这时的王阳明打心眼儿里不愿意去见自己的父亲。

由于自己年轻气盛、鲁莽冲动，不知官场仕途的险恶，不但没有光宗耀祖，反而自己几乎招来杀身之祸，还累及了自己的父亲。王阳明又是丧气、又是颓唐和委屈，他现在有一千个理由不想去。但有一个原因却让他必须去：他到南京的那天正好是八月十四。

中秋节要到了。

按照王阳明弟子冀元亨后来的记录，当满身征尘的王阳明来到南京城郊的时候，远远就看到家中的老佣人正在焦急地在家门口守望着。

当王阳明回到阔别已久的家中，他看到的不再是儿时记忆中那个满口仁义礼智、面孔横眉竖目的父亲，而是一个满面慈祥、白发苍苍的老人。他这才惊觉：不经意之间，父亲老了。

而更出乎意外的是，原本等着一通呵斥和教训的他，却只听到父亲一声又一声激动的问候："回来了就好，回来了就好。"

王阳明实在忍不住，眼泪大颗大颗地掉落下来。他紧上前几步，扑通一下，跪倒在了老父面前，这次却不似以往，他少有地主动认错："是我意气用事，不但自己把功名弄丢了，还连累了您。我对不起父亲大人！"

父亲和蔼地看着他宽慰道："孩子，你是为了斥责权奸才这样做的。你做得对。"

接下来，就是王阳明在自己文集中记载的那一段少有的一家人其乐融融的时光。王府中秋节的家宴上，久别的亲人们相聚一堂、把酒言欢，把一切不快和不平都一时间抛到了脑后。

父亲还特意为王阳明准备了一个小节目：他聘来一位南京城有名的杂技演员，在家宴上表演戴头盔翻跟头。这可是个高难度动作，王阳明惊叹地问演员，你怎么做到的？演员答：我翻跟头的时候，脚跟要站定，牙齿咬紧，让太阳穴膨胀，然后头盔就戴住了，翻跟头的时候不会掉下来。王阳明明白了：父亲是用这个方式告诉他一个简单的信念：立定脚跟做事，咬紧牙关做人。

正德二年（1507 年）中秋节的这一幕，在王阳明的一生中只是一个不起眼的节点，却是一个重要的转折点。这之后的王阳明，流放到贵州龙场，期间矢志不移，探究学问真谛，终于在龙场黑漆漆的夜空下，发出了"纵皆阴影，吾心光明"的呐喊，开创了震古烁今的阳明心学，立下赫赫伟业。

后人在说起前因后果的时候，也会捎带着说起王父的教子有方，用心良苦。然而在那个特殊的中秋节，真正打开王阳明黑暗的心扉，为他注入无尽光明的，其实是一个平凡人都知道的真理。

家，是永远的避风港。

王阳明的父亲王华深知阳明这一去，凶多吉少，条件艰苦这不必说，说不定宦官刘瑾还不会放过阳明，更何况阳明这孩子从小心气极高，自命不凡，这一致命的打击，他能挺得过去吗？"知子莫如父"，王华这几天也在冥思苦想，怎样鼓舞，鞭策阳明，让他顺利渡过难关。

第二天，王华把阳明叫到房中，抚摸着阳明的头发，语重心长地说："孩子，你从小博览群书，一定知道'大圣人'孔子在陈国讲学，因为没粮食吃，差点被饿死；司马迁为了编纂《史记》，在受刑之后仍能十九年间勤笔不辍。他们受得苦难比你多得多，都能挺过来，日后才能成圣成才。你也要先学学他们坚毅不屈的意志，在龙场蛰伏一时，以后一定会有冤屈昭雪的那一天。"

早已满脸泪花的王阳明连连点头，此时的他才深深明白：无论何时何地，慈爱的父亲都是自己坚强的后盾。

转眼之间已是十二月，王阳明恋恋不舍地离开父亲，去龙场赴任。王阳明从南京出发，经江西、湖南进入贵州东部的玉屏，再由玉屏经镇远、黄平、清平、贵定、龙里等地，于正德三年三月到达贵州龙场驿。

英雄的黎明——龙场受难

磨难是什么？

是人生最好的财富。

不是人人都能有福享用这份财富。在艰困中退缩、放弃是容易的，最终将与这份财富擦肩而过；而矢志不灭、绝望中的奋争是难能的，也才可能赢得这份财富。

有句话叫，黎明之前往往最为黑暗，那是因为黎明就要到来。但是那种无尽的黑暗又曾折杀了多少庸人，走出了几许英雄？

来到龙场的王阳明发现，如果自己挨廷杖、被贬官，就好像瞬间被打入十八层地狱般的反差，那么龙场的生涯对于出身高干之家、过往也算是锦衣玉食的王阳明来说，就好像发现十八层地狱的下面还有一个地下室。

龙场驿所在的贵阳修文县，原本是当时在贵州任土司的安贵荣所辖区域，龙场驿是安贵荣的先祖奢香夫人在大明洪武年间所建，当时建驿的目的是为了表示效忠朝廷，打开从贵州西北到四川地区的通信渠道，前后总共设了九驿。"驿"起到什么样的作用呢？它是古代常设的一种机构，有点儿像今天的办事处，每当有递送公文的官家差役、来往的官吏路经时，便可在驿中暂住，并将久跑力乏的马匹换掉，等到来日再快马加鞭地赶路。

在九驿中，龙场驿是规模最小的一个，据《贵州通志·建置志》等史书记载，龙场驿只设有"驿丞一名，吏一名，马二十三匹"。

1508 年 3 月的一天，初春时节的龙场驿附近，走来了几个疲惫赢弱的旅人。一眼望去，谁都看得出几个人脸上写满的风尘。这正是王阳明和三名随从的家仆。这时，有一个不知从哪里钻出来的衰暮老头赶上前来迎接他。王阳明好奇地问：

"此地可是龙场？"

"回王大人，此地正是龙场。"

"驿丞何在？"

"就是在下。"

"按照朝廷的律令，应该还有驿卒啊？"

"也是我。"

原来这个老头不但是他的前任，还是一个名符其实的光杆司令。王阳明渐渐明白自己将会面临一个什么样的局面。

双方交接完毕，老头又转回头来对王阳明说："王大人，这里的汉人很少，但你碰到了可一定要提防着点，基本上说，不是流窜犯、穷凶奸恶之类的人是不会到这种地方来的。本地的苗人土著倒还好，除了他们部族之间经常有些打打杀杀、烧房抢人的事情，一般情况下不会打扰到您。"

没等王阳明从这些话里愣过神儿来，老头又好心地提醒："王大人多保重，要是出了什么意外，记得找人通知在下，我会想办法给大人家里报信的。"

听完这话，被无力感笼罩的王阳明差点没瘫坐在地上。

后来的《阳明年谱》这样记载，龙场"处于万山丛棘之中，蛇虺魍魉，蛊毒瘴疠，与居夷人鴃舌难语，可通语者，皆中土亡命"。

龙场周边的自然环境几乎保持了原始面貌，放眼望去草木参天，一派纯天然的绿色健康生活。那可是数百年前丝毫没有被人类的工业化进程所侵袭和占据的自然环境，其原生态的程度远超今天的国家级自然保护区。但另一方面，山间的虫蛇怪兽任意恣行，致命的瘴气缭绕弥漫着四周，还远远不像今天这样属于人类的宜居之地。

这里人烟稀少，本地苗人土著居民的文明程度比今天的东南亚以及非洲地区的原始部落并没有强多少，几乎还是过着刀耕火种和捕猎的生活，和汉人之间语言不通，要靠少数的翻译来进行沟通。

前面王阳明之所以没搞清楚他的前任是从哪里钻出来迎接的，是因为所谓的"驿站"徒有其名，根本没有办公地点。这让王阳明几乎过上了半"野人"的生活，不得不找山洞栖居，权以避风挡雨。

来到龙场不久，王阳明又亲睹了一番生离死别的惨景。

这在后来王阳明做的《瘗旅文》中有着一番惨痛的记录：

> "维正德四年秋月三日，有吏自云自京来者，不知其名氏，携一子一仆，将之任，过龙场投宿土苗家。予从篱落间望见之，阴雨昏黑，欲就问讯北来事，不果。明早，遣人睹之，已行矣。薄午，有人自蜈蚣坡来云：'一老人死于坡下，傍两人哭之哀。'予曰：
>
> '此必吏目死矣，伤哉！'薄暮，复有人来云：'坡下死者一人，傍一人坐叹。'询其状，则其子又死矣。明日复有人来云：'见坡下积尸三矣。'则其仆又死矣。"

这是一个他方远来的小官吏，因要赴任而途径龙场，短短的三日之间，为官的父、子、仆三人在他乡异域命归黄泉。"同是天涯沦落人，相逢何必曾相识"，亲睹了这一切的王阳明从他们身上既看到了世间的不幸，也仿佛看到自己命运的折射。

王阳明的这篇《瘗旅文》悲情所致、一气呵成，哀小吏之客死他乡的悲凉，叹自己之落魄龙场的不幸，抒发忧郁愤懑的情怀，字字血泪、如泣如诉，成为千古不磨之文，它是王阳明被收入文言文的典范汇集之作——《古文观止》中的三篇文章之一。

要活着，要活下去，这大概是王阳明初到龙场对自己说得最多的话。

吃饭这时成了一个大问题，粮饷供应根本不足果腹。王阳明不仅要兼职当建筑工盖茅棚住，还要兼职当农民，找块平地垦荒种粮食种菜，否则就活不下去。

耕作时，手被荆棘扎出了血，脚也磨破了，这可同样苦了和王阳明一起从家里来的仆从们，从来没吃过这样的苦，纷纷病倒。结果，王阳明还要兼职当看护照顾病号。不过，这时的王阳明倍加珍惜和悉心照顾这些好死赖活地陪他一路远来、相依为命的忠实随从们，而主仆之恩大约也无逾于此了。

一开始由于粮食不够吃，王阳明不得不提着斧子到西山上采蕨以充饥。好不容易爬上山，只见周围树木丛生、荒草遍野，要寻找的蕨菜偏偏却在跟王阳明捉迷藏，踪影全无，蟒蛇倒是碰见一条，吐着舌头对侵入自己领地的不速之客示威。

一面是绝望，一面是肚子饿得"咕咕"叫。王阳明勉强继续前行。终于找到了！在不远处的悬崖边上密密麻麻地长满了蕨菜，这时的王阳明好比看见了救命的稻草一般。不过没高兴几分钟，再一望凶险难测、一失足即成千古恨的高崖绝壁，王阳明暗暗叫苦。想来想去，求生的本能再一次占了上风。与其坐着等死，不如去试一试。

王阳明脱下身上的长袍拧成一根长绳，一头绑在悬崖边的大树上，一头抓在手中，一步步试探着向悬崖边挪动。眼看救命的蕨菜伸手可及，忽然间，脚下土石一松，王阳明差点一脚落空掉下悬崖。王阳明只好原路重新找路，反复尝试多次，近在眼前的蕨菜就是采不到。

支持着王阳明求生的欲望彻底崩溃了，他一屁股坐在悬崖边，惆怅、悲观、绝望、思乡的各种感情一齐涌上心间，有诗为证：

> 采蕨西山下，扳援陟崔嵬。
>
> 游子望乡国，泪下心如摧。
>
> 浮云塞长空，颓阳不可回。
>
> 南归断舟楫，北望多风埃。
>
> 已矣供子职，勿使贻亲哀。

不过，泪奔之余的王阳明还有艺术创作激情，足见他的生命力还是顽强的。

可是糟糕的事情还远不止上面这些。

刘瑾见路途中不能置王阳明于死地，又屡派人来加害王阳明。王阳明还要受地方官的气，他这时的上司都御史王质为了奉承宦官刘瑾，一方面克扣王阳明的粮饷，还派公差到龙场驿欺辱王阳明。但这时候意外有群人出来替王阳明出头，谁也想不到，这些替王阳明鸣不平的人居然是当地的苗彝乡民。他们和王阳明相处得很不错，这在后面会有所交待。出于公愤，乡民们把差人围起来痛打了一顿赶出龙场。差人连滚带爬地回去向王质告状，王质大怒，要王阳明认错，但王阳明拒不谢罪，后得王阳明同乡、时任贵州按察副使毛科从中调解方罢。

心途上徜徉和陡转

万般的磨难之中，也许一点点的慰藉就能让人满足吧。

王阳明渐渐就和苗人混熟了。

龙场附近的苗民土著们虽然少受王化、粗质无文，生性却淳朴。

王阳明初到龙场时，当地苗人初见来了生人，先是躲在山林里探头探脑，像看动物园里的珍稀动物一样。渐渐他们发现这个动物的品质和大熊猫类似，性情宽和、人畜无害，既不像那些朝廷的官吏般贪婪狡诈、高高在上，不但鄙夷这些土著，而且动辄提着枪炮对土著们喊剿喊杀，更不似那些从汉地流窜到这里避风的作奸犯科之徒。

渐渐地，苗人们便经常聚到王阳明身边，用全然不知所云的语言向他打招呼。王阳明倒也来者不拒，待他们像兄弟一般。

再渐渐地，苗人们发现这个熊猫懂得的东西很多。要知道，出身状元门第、书香之家、成长于文明博大精深的中原腹地、身为知识精英的王阳明，早就在知识经济时代浸染已久，而土著们的生活还处在离石器时代不远的社会。王阳明懂得天文历算、地理堪舆、四时气象、建筑医药，而这些，对于中国的传统知识分子，不过是在圣贤大教以外一些基础性的课外知识而已。

而且，苗人很快发现王阳明的这些知识用处大得不得了，可以在短时间内就使他们的生活品质得到了大大的进化。例如房子怎么盖，粮食怎么种，头疼脑热怎么治。这些还不算什么，王阳明还懂得一件大杀器——圣贤之教。

要知道汉人本来擅长玩儿的就是智商，属于斗智不斗勇的民族，在古代把周边的民族一一斗败，放眼天下、英雄寂寞，于是开始流行起了窝里斗，一斗就是上千年。斗来斗去，汉人中的精英就发现了斗的最高境界，那就是不玩儿心眼儿（因为最后大家发现彼此的智商都差不多，谁也不傻）、更不玩儿横的，而是以德服人，不战屈人之兵。这也就是中国为什么上千年来这么注重圣贤之教的原因。

有了圣贤之教的大杀器，汉民族政权的势力发展到哪里，就在哪里推行"王化"，就是来自王的教化、圣人的教化，用教化来治理。

于是渐渐地，当地人发现，王阳明不但能带来生活的改善，还带来了使大家知书达理的圣贤之教，使土著们开始构建起了一个更加和谐的社会，相互之间能知礼互让、不再打打杀杀，邻里和睦相处，这样以来，更是无不把王阳明看作神人一般。

这一切也真得拜王阳明的怪僻个性所赐。如果没点儿个性，王阳明大概很可能成长为一个两眼戴八百度近视镜的书呆子，只知之乎者也而不知柴米油盐；又或者因为出身优越，早早地成为一个五道杠少年，踏上主流向上运动的轨迹，而难得和群众打成一片。

感恩和崇拜之下，当地人经常送吃的喝的给王阳明，王阳明则和他们一起饮酒，有时大伙儿会在一起喝到酩酊大醉。

关于这段经历，《皇明大儒王阳明先生出身靖乱录》中有这样的记载："先生初至，夷人欲谋杀先生，卜之于神不吉。夜梦神人告曰：'此中土圣贤也，汝辈当小心敬事听其教训。'一夕而同梦者数人，明旦转相告语。于是有中土往年亡命之徒能通夷语者，夷人央之通语于先生，日贡食物，亲近欢爱如骨肉。"

这记载倒很有意思，在皇朝中，上头不是有人要加害王阳明吗？但王阳明上头也有人，这个罩着王阳明的更厉害，它就是皇天神明。

可是要我说，罩着王阳明的，就是他自己，就是他的品质、风范、个人魅力。

王阳明还进一步发挥了革命乐观主义精神。要说这种乐观主义精神，怎么看怎么又像是主观唯心主义的阿Q精神。

不久，王阳明在附近山中发现了一处生长着钟乳石的溶洞，于是便将自己的住处搬到洞中。这个溶洞大约能够容纳百人，最初被人们叫作"东洞"，后来王阳明效仿家乡的阳明洞，把它更名为"阳明小洞天"。王阳明家乡的阳明洞并不是一处洞窟，而龙场的阳明小洞天却是一个真真切切的洞窟。

溶洞的位置偏僻、荒凉不毛，王阳明却不这么看，他觉得这是因为溶洞容不得其他庸俗人物，专等"逍遥任来去，千山我独行"的自己到来。

搬入此洞后的王阳明乐其幽静，悠然自得。

他将洞内平整之地打扫干净，安放好床具，修好灶台，堵上老鼠洞，还作诗三首，题为《始得东洞遂改为阳明小洞天》（《王文成公全书》卷十九）。

在第一首诗的末尾，王阳明写道："夷居信何陋，恬淡意方在。岂不桑梓怀，素位聊无悔。"可见，王阳明的心境在当时已经到了《中庸》中提到的"素位"境界，即君子要根据自己所处的地位来行事，而不考虑其他不切实际的事情。

《中庸》中关于"素位"境界的原文是："君子素其位而行，不愿乎其外。素富贵，行乎富贵；素贫贱，行乎贫贱；素夷狄，行乎夷狄；素患难，行乎患难。君子无入而不自得焉。"

《阳明先生行状》等文章中记载，当时跟随王阳明前往龙场的家仆共有三人，当王阳明决定搬进阳明小洞天时，大家看到这样一个天然住处，不但冬暖夏凉、防雨防雷防震，还不用再费力盖房子时，都高兴坏了，在乔迁"新居"的时候，大家着实得意了一番。王阳明是这样描述的：

> 童仆自相语，洞居颇不恶。
>
> 人力免结构，天巧谢雕凿。
>
> 清泉傍厨下，翠雾还成幕。
>
> 我辈日嬉偃，主人自愉乐。
>
> 虽无荣戟荣，且远尘嚣聒。
>
> 但恐霜雪凝，云深衣絮薄。

由此可以看出，王阳明和家仆都夸赞这天然的住处，并为能够远离俗世而感到高兴。王阳明还为自己能够过上远古时代的生活而欣喜，他在另一首诗中写道：

> 上古处巢窟，杯饮皆污樽。
>
> 冱极阳内伏，石穴多冬暄。

是的，这种感受可以理解。中国人向来就有厚古薄今的传统嘛，故而事事爱以古为贵。在王阳明所处的时代，更把上古看做人类的黄金时代，认为那个时候的人更接近圣人的品质。举个例子，那个时代不像后来，大家抢着当皇帝，而是很谦让，抢着不当皇帝：

"这个职务您当吧！"

"不，还是您当吧，您英明神武，更能代表先进生产力和人民的根本利益！"

……

不过，真要说起来，所谓的上古还在这个禅让大位、争着不当皇帝的三皇五帝时代之前。

三皇五帝前是什么样儿呢？答案是没有皇帝。

为什么？那个时代的人的品质都更加天真、淳朴、知足、寡欲，个个就像圣人一样，以至于根本不需要皇帝这样一个东西来领导和管理大家，因为大家都各自把自己管得好好儿的，还毫不为了个人利益侵犯和伤害他人，而是相安无事，这样以来也就不需要政权、法院、军警、城管，等等。

在那样的社会里也不需要喊构建和谐社会的口号。为什么？因为太和谐了，不必再去强调和谐的存在，就像人们天天生活在空气中一样，不必强调空气的存在一样。

所以王阳明为自己似乎是过上了上古时代的生活而感到庆幸。

要说在龙场万般磨难之中，王阳明的革命乐观主义精神来自哪里？当然也是来自儒家圣贤的教训。

"天将降大任于斯人也，必先苦其心志，饿其体肤，劳其筋骨，空乏其身，然后动心忍性，增益其所不能。"这样的话似乎也正是为王阳明这样的人准备的。

当然，这一类的话还有"死生有命，富贵在天""未知生，焉知死"，等等。

孔圣人是多么懂得珍惜活着的日子，我王阳明又为什么要总是抱怨环境的不好呢？孔圣人还教导人们要"学而时习之""学而不思则罔，思而不学则殆"，我王阳明在这样的条件中，还可以继续学习、在书中找到乐趣呀！

想到孔子这样的圣贤先辈，苦闷中的王阳明好像突然遇见了春天的甘露一般，抑郁之情渐渐化解。

这里有一个最大的问题，就是王阳明的时代，人们最主流的教育就是儒家教育。所以碰到问题，就从儒家思想里努力寻找答案和力量的源泉，那比今天的职场励志书籍的激发能力要强很多很多倍。

励志书不过是让大家做一个好员工，以更好地为资本机器运转服务、以当白领和中产阶级为荣。而儒家思想则教人修身齐家，退，至少把自己打理好，进，则治国平天下，做圣贤和人类的导师。这种理念带来的动力，那可真不是盖的。

这样一来，因为善于情绪管理，经过了一番的自我心理调节、心境转换，王阳明顿觉周围的环境也美丽生辉了不少。

春暖花开，树上的柳条不知何时已绿意茸茸，轻盈的黄鹂在树间迎风起舞，叽叽喳喳叫个不停，居住的阴暗、潮湿、寒冷的山洞也充满了阵阵暖意。山洞天然雕刻，清泉傍洞而潺潺流动，薄雾是天然的美景。

这一切在王阳明的眼中，俨然已成为人间仙境，以前的忧愁就更是烟消云散了。

王阳明兴致大起，又把其他出入的场所一一赋了新的名字，例如把读《易经》书的山洞命名为"玩易窝"，盖的草房叫"何陋轩""君子亭"，等等。这些名字，用在比国家 4A 级自然保护区还要原始、原生态得多的龙场地区，一时间倒也让这些地方蓬荜生辉。

所以人的精神力量确实是不可思议的。

简陋、粗俗的地方，处处被知识分子王阳明烙上了文化的印迹，无比简陋的环境一变而成了他陶冶性情、锤炼意志、通达圣人境界的资粮。

就连平日苦不堪言的种菜这辛苦的体力活，一时间也充满了乐趣，王阳明专门写了一首《西园诗》讲述自己如何种菜：

> 方园不盈亩，疏卉颇成列。
>
> 分溪免瓮灌，补篱防豕豗。

> 芜草稍焚尽，清雨夜未歇。
>
> 濯濯新叶敷，荧荧夜花发。
>
> 放锄息重阴，旧书漫坡阅。
>
> 倦枕竹下石，醒望松间月。
>
> 起来步闲谣，晚酌檐下设。
>
> 尽醉即草铺，忘与邻翁别。

这不足一亩的菜园，被王阳明布置得错落有致，淅淅沥沥的小雨整夜下个不停，苗壮成长的菜苗更加清绿，叶片间晶莹的露珠在清晨的阳光下熠熠闪光。拿着锄头去耕地，累了便坐在山坡上翻书阅读，困了便在郁郁葱葱的竹林下，枕着石头酣然入梦。一觉睡醒，才发现月亮早已爬上了树梢，于是起来边唱着歌谣边向自己的"阳明小洞天"走去，谁知走回去才发现，竟忘了与邻旁的老翁告别。

这与刚来那个苦闷憔悴的服役者早已是判若两人了。

王阳明不断用"心"调节自己，这为他日后的心学打下了基础。

思想上转过了弯，王阳明不仅自得其乐，还把自己所处的困境努力刻上圣人的烙印。他把自己发配到地远偏僻的贵州龙场的经历，与"大圣人"孔子在陈国受缺粮之困相比，孔子毫不悲观畏惧，他王阳明也没有坐地兴叹。而且，王阳明自认为自己至少在吃苦耐劳这方面已经向圣人看齐了。

孔子的得意弟子颜回，"一箪食，一瓢饮"，活得还怡然自得，不改其志；王阳明也是住山洞、食粗粮、饮天然矿泉水；周文王被商纣王拘禁在监狱里，还不忘创作，写出了《周易》，王阳明也有自己的"玩易窝"，对着《周易》悟出人生的道理。

越是跟圣人相比，王阳明越是感到艰难困苦算不了什么。他有时暗暗惊奇，咦，我自己的这些行为岂不是与圣人不期而合啊？自恋之余，王阳明得出了结论："圣人之道，吾性自足。"

一旦开始把自己放在了圣人的行列里，王阳明的自信心就止不住地开始爆棚。王阳明在《龙冈漫谈五首》中作了一首诗，可以看出他当时的心情：

> 投荒万里入炎州，却喜官卑得自由。
>
> 心在夷居何有陋？身虽吏隐未忘忧。

王阳明在诗中的意思是，他已经悟出好与坏这个对立面，在一定的条件下是可以相互转化的。当官可以有机会见皇帝，有机会关心百姓疾苦，替人民伸张正义，可以建功立业，但自身却没有自由，更会受人排挤；而他现在身在夷邦，只要心情豁达、潜心钻研，终有一日，还会报效国家，这正与"塞翁失马，焉知祸福"不谋而合。

王阳明算是真正明白了什么叫"祸兮，福之所倚；福兮，祸之所伏"。

《黄帝内经·素问·上古天真论》中言，"古之人，其知道者，法于阴阳，和于术数……"什么意思呢？古代通明道法的人，他们取法于阴阳之五行变化之道，行事合乎自然规律。

要知道，王阳明这样的传统高级知识分子精英皆通晓《周易》。

《周易》讲的是什么？《周易》包括《易经》和《易传》两部分，其中的《易经》部分，原是周人问凶吉的卜筮之书，我们今天算卦的道士，手中常拿《易经》作为依据。《易传》则记录了后人对卦辞的各种解释和论述。《易经》的六十四卦，是由八卦重叠演化而来的，而八卦是由阴、阳两面排列组合而成。

"阳"代表积极、进取、刚强、运动等特性；"阴"代表消极、退守、柔弱、静止等特性。

世界万物，往往具有双重特性，就像一个人，他往往集刚强、柔弱于一身，时而刚强无比，有气吞万里河山之势；时而柔弱万分，不堪一击。这"阴""阳"无疑揭示了事物矛盾对立的两个方面，自然界和社会人事的变化往往蕴藏于两种势力力量的对比。

《易经》还用八卦将力量对比精确化，就是生在现代，有高科技的我们也不禁要佩服祖先的神机妙算。

在《易经》中最关键指出的一点就是，事物绝非固定不变，而是处在不断的转化、变迁之中。当人们踩着地上的严霜时，就预感到结冰的寒冬快要来临了，但寒冬过去，又将迎来新春。其中还以龙为喻，在由潜到飞的过程中，并非直冲云霄，而是有进有退、有得有失、有顺利也有曲折，但它最终是吉祥的象征。

有一天，王阳明在他的茅草棚"玩易窝"中玩味《周易》，陡然感到自己体悟到《周易》的精华所在，禁不住兴高采烈、手舞足蹈，一个人在"玩易窝"中嚎起歌来。

随后，王阳明飞奔而出，把所有的仆人和从中原流放而来的戴罪之民召集在一起。

这些人正为生计愁得不成，在田间忙活着、挥舞锄头，却见王阳明满脸欣喜若狂的表情，大声地喊着："我找到了，找到了！"

这可把众人吓了一跳，以为他中邪了。也好在两百多年后出生的清朝小说家、《儒林外史》的作者吴敬梓不在场，不然他会以为又一个范进诞生了。

大伙儿急忙凑了过去，看看到底怎么回事。只听王阳明兴高采烈地说：

"《周易》中的八卦讲求一个'变'字，即'祸兮，福之所倚；福兮，祸之所伏。'苦与乐都是相对的，关键看吾心怎样理解。如果我们把龙场看作能培养我们意志的地方，以苦为乐，苦也就不苦了。"

众人看王阳明说得煞有介事，又觉得这话说得还是有道理的，更重要的是都被王阳明的情绪所感染，感到我们现在吃苦头原来是这么伟大、光明的事，干起活来不禁劲头十足起来，本来愁苦不堪的表情也一时间活泛起来。

王阳明待在他的"玩易窝"玩《周易》，用《周易》分析了自己的命运起伏，倒真的玩出了成果。他有一首《读易》诗，诗中写道：

> 囚居亦何事，省愆惧安饱，
>
> 瞑坐玩羲《易》，洗心见微奥。
>
> 乃知先天翁，画画有至教。
>
> 包蒙成为寇，童事宜牯早。
>
> 蹇蹇匪为书，吾心未违道。
>
> 遁四获我心，蛊上庸自保。
>
> 俯仰天地间，触目俱浩浩。
>
> 箪瓢有余乐，此意良匪矫。
>
> 幽哉阳明麓，可以忘吾老。

从《周易》的八卦中王阳明领悟到的是，既然事物都有正反两面，就不能以硬碰硬，以从前自己的脾气死板固执、傲视一切，当然要被"硬"碰得头破血流。但是，如果改掉自己以往的脾气和作风，转而以柔克刚，反而能收到意想不到的效果。

此外王阳明反省自己，在处事方面应该善于包容外物，不要一味进取，有时退一步海阔天空，就像龙的腾飞，有进有退。

同时，王阳明在《周易》中体悟到的是，万事万物要用"变"的眼光去看待，既要变物又要变人，才能让自己在大风大浪面前立于不败之地。

看王阳明至此，这个时候我们也不得不感叹，"祸兮，福之所倚；福兮，祸之所伏"。

王阳明因秉义直言而倒了大霉，但他在简陋的环境里静心思过、借以磨砺，反而磨出了不一样的心光。正是在龙场，王阳明领悟了一生受用的道。没有龙场，很可能也就没有后来的王阳明。

《王阳明年谱》有这样一段记载："因念圣人处此更有何道？忽中夜大悟格物致知之旨，从者皆惊。始知圣人之道，吾性自足，向之求理于事物者误也。乃以默记五经之言，证之真不吻合。因著《五经臆说》。"

这其中说，王阳明是在夜晚睡梦中，仿佛有仙人指路一般，而突然悟出的"道"。那么，王阳明悟出的到底是什么道呢？他吃透了格物致知的思想高度之后，又在自心中生发出了哪些新的见地呢？

破天一悟

明武宗正德三年（1508 年），王阳明专门为自己做了个石棺材，日夜端直地静坐于棺材内。

几天以来，几个家仆看到王阳明在洞中拿着凿子和斧子大汗淋漓地埋头把一块方形的巨石砰砰通通地凿个不停，早就好奇好已。不过，他们对自己这位主人时不时冒出的怪僻劲儿早就习以为常，寻思着主人可能就此要改行投身雕刻艺术，于是一边各干其事，一边偷偷观察。

等到石头呈现出一块似槽似棺的造型，大家的眼睛瞪大了；等王阳明自己缓缓步入自己打造的石棺盘膝而坐的时候，大家的眼珠基本上掉出来了。

是的，这就是王阳明为自己打造的修心之所。

早在王阳明获悉父亲龙山公被刘瑾罢免之后，便意识到性如豺狼般的刘瑾不知何时就会把魔爪伸到自己头上，于是心中不免涌起生死之念。

王阳明曾经问过自己，你怕死吗？

俗话讲"蝼蚁尚知偷生"，何况人，谁又能不畏乎死呢？

少年时代的王阳明曾度过了多少个不眠之夜，他躺在床上辗转反侧，脑袋里疑问满满。人为什么来到这个世界上？人生弹指一瞬间，譬如朝露、生若蜉蝣，活着到底是为了什么呢？每当这个时候，死亡的恐惧总是会涌上他的心头，使他不敢继续想下去。

终于有一天，王阳明毅然决然地树立了自己的人生目标——成为一个圣人，解开这些谜题。去他的"人无百岁寿，常怀千年忧"，我只要明明白白地活，清清楚楚地死，我只要揭开人生的真相！

在中国传统三大圣贤之教中，尤其以释、道两家把面对和解决生死问题看作是一件大事，如释家言"生死事大"、证不生灭之涅槃以了生死；道家则谋求长生、寿比日月以求不死。释家采用明心见性的心地法门；而道家则采用打坐练丹的修行方式。此外，西洋宗教的基督教等则以升天堂得永生的方式来解决生死的问题。

这里再赘述一点儿，就是释家净土宗的极乐世界与洋教的天堂还不是一回事，内含更深远，却往往被误认为是一回事。

例如，一方面，释家认为世上不可能有永远存在的东西，因为一切事物若有生则必有灭，逃不出成、住、坏、空的规律；另一方面，根据释家经典描述，所谓西方极乐世界当然亦不出"有生就有灭"的规律，只不过那个世界存在的时间极长，长到不可思议，足够使往生到那里的人通过久久的修行，在一生之中就能证悟成佛、彻证本无生灭的天然自性而已。乃到释家的禅宗以当下顿悟、顿证本不生灭，当下即是极乐净土，这又是更高的境界了。

儒家对此并非没有言及。王阳明的孔圣先师在回答弟子关于生死问题的提问时，曾这样说，"未知生，焉知死?!"生的问题还没有搞清，死的问题又怎么可能去穷究？话说得相当直率，但也相当于没说。这实际上等于是回避死后是什么样子的问题。

孔子的上述说法，成了儒家对于生死问题的一个经典的回答。所以后世大儒主要是着眼于建功立业、立德立言，着眼于现世，解决好如何"活"得有价值、有意义的问题。至于死后的事，暂时不去想它是最好的办法。

虽然如此，总的说起来，对于后世儒者来说，生死观是修身中的一件大事，如果不能打通生死关节的话，哪怕是闯过了其他所有关卡，也不能成就圣贤之道。

王阳明的老前辈——大儒朱熹认为，生死乃是一种"理"，只有领会了至"理"才能够克服对死的恐惧。如果说，生死真的如朱熹认为的那样，那就再好不过了。可是，如何让一个人理性地去面对突然而至的死亡所带来的恐惧，这的确是件非常困难的事。

明末大儒刘宗周在面对死亡时，内心曾起过大波动，于是痛感自己的学问尚不彻底，转而更加刻苦地修行用功。

王阳明对于这个问题有过这样的反思：

"学问功夫，于一切声利嗜好，俱能脱落殆尽，尚有一种生死念头毫发挂带，便于全体有未融释处。人于生死念头，本从生身命根上带来，故不易去。若于此处见得破，透得过，此心全体方是流行无碍，方是尽性至命之学。"

这就是王阳明的自我反思。

他认为，人要是对于名、利这些东西还有贪念，那就谈不上能做出真正的学问工夫；那么贪生怕死呢？就更不行了。内心有一丝的生死之念和挂碍，学问就不能真正做通，因为心有杂念、不够纯粹。

可是死的问题，从人一生下来就要面临了，可以说是久久萦怀，很难在一时间消解。但是，只有在这个问题上见得破、透得过，心才能真正地透脱无碍、穷尽天理。

在王阳明看来，儒者做学问的目的，就是要穷尽天下万物之理、探寻天下万物之本源，并将其应用于具体的社会生活中，如果不能超脱生死之念，就不可能实现儒者的理想。

总而言之，对王阳明来说，"格物致知"是超脱生死之念的唯一之道。在阐述超脱生死之念时，王阳明虽然和佛教徒一样，承认生死是人生中的一件大事，但他并没有如同佛教徒那样谋求从生死中解脱出来。如果他也谋求从生死中解脱出来，那他就不再是一位儒者，而是一名佛教徒了。

王阳明在龙场意识到自己仍然没有超脱生死之念后，感到愕然。就这样，他自己为自己打造了一个石棺，日夜端坐其中，以求参悟死之要义，寻求心之静义，从而能够超脱生死之念。

石棺中静坐的王阳明，就在朝着解决生死这个巅峰级的问题迈进。

风吹草动，雁啼虫鸣，日升月降，斗转星移。

一天夜里，王阳明恍然顿悟，随即发狂般地欢呼起来。

他一跃而出，手舞足蹈，忘乎所以。

这时的王阳明感觉就像云开雾散、豁然见到阳光一样，久久以来未曾参透的"格物致知"之旨在他的心地上露出了真相。

这是载入史册的一瞬，几乎所有的史书都用了相同的词语来描述这一瞬——"顿悟"，儒家的"心学"就此诞生。

王阳明觉悟到的是：原来圣人之道蕴藏在每一个人的心中，一直以来所沿用的向心外求理的方法本身就是一个错误。存天理，去人欲？天理即是人欲。这倒颇有点儿"佛即众生、烦恼即菩提"的意味。

这就是后来所谓的"龙场顿悟"。

"格物致知"，哪儿出了毛病？

什么是"格物致知"？用我们通俗的话来讲，就是"透过现象看本质"，通过研究事物的表面现象——格物，来穷达现象背后的本质，也就是大道，在朱子那里叫天理。

我们举一个例子吧，人的成长过程中，老年时期、青壮年时期、幼年时期的心态不尽相同。年青的时候经历的事情少、经验不足，所以年青气盛，看问题表面化、主观化、理想化，等到不断地经历人事，阅历越来越增加，格的物越来越多，渐渐地人的心智就变得成熟起来了，越来越不容易为外境所动，越来越能够更加深刻、理智、深远地看待一件事情，渐渐地接近和体知了天理、大道，这种理智，就有点儿近乎于天理。这大概就是格物致知。当然喽，各人的人生实践不同，接近天理和大道的程度当然也不一样。

比如说吧，理智告诉我们，饮食要有节制，不能因为好吃、为了满足一时的口腹之欲就暴饮暴食，因为事后肚子要痛。

再比如，理智告诉我们不要作奸犯科，因为搞不好有一天要进大牢。

当然，理智还告诉了我们许许多多数不尽的有益于我们身心、有益于我们人生的事。理智告诉我们不要单凭自己的欲望、本能、习性而为所欲为；不要为了一时的欲望冲动，而招来更大的痛苦和烦恼。

这样来解释的话，"格物致知"是不是好懂一些了？"存天理，灭人欲"之类的话，是不是看起来更苦口婆心一些、更好接受一些了？

当然，站在圣贤的立场上，早就把大道、天理这些东西苦口婆心地通过立功、立德、立言的形式书诸于经典、刻在了汗青之上。所以中国传统教育方式就是死背硬记。背不下来？打！看不懂？不要紧，以后随着年龄的增长、生活的实践，人就会慢慢理解、验证圣贤言教的真谛，及其对于人生的意义。

好了，朱前辈提出了"格物致知"，王阳明又提出了"知行合一"，他背后的理论背景是"心物一如"。为什么他在这个时候要提出"知行合一"？"心物一如"又是怎么一回事？

我劝大家不要急于先以主观唯心主义的莫名其妙的帽子来扣上去。因为这种扣帽子的方式本身就很"主观唯心主义"。

话说，"存天理，灭人欲"这个话本来是个好话，正如上面所解释的，换个说法就是，"孩子，要理智、理性，不要冲动啊！"问题就在于，这个话传久了，就变了味儿。传到了王阳明先生这个时代，更变成了馊味儿。

何以如此？因为人心在变、社会环境在变，再好的饭菜，放时间长了，也会变味儿。不但吃了不会填饱肚子，还会吃坏肚子。

这可不能怪做这个饭菜的朱老前辈，他老人家完全是一片好心。只能怪环境里细菌太多、社会太复杂、敌人太狡猾。一句好话，传久了会变成坏话。

传到王阳明这个时代，怎么变味儿了呢？

"存天理，灭人欲"这个话的意思，已经从"孩子，要理智、理性，不要冲动啊！"变成了"你敢冲动我就打死你！"，或者"你看人家谁谁家的孩子，那谁谁，就很理智、理性嘛，所以人家不但刚考上了清华北大，昨天刚在市里大马路沿线游行'夸街'，听说省里还奖了一套房子，明儿教育局领导还要接见呢！"

好家伙，人心不古到了这个程度。本来这一类的圣贤言教，无非是关乎人生的切身幸福和更高层次精神追求的，但是马上在一切向钱看的社会里成了变现、套取现实利益的工具了。

再例如《范进中举》的例子也是如此。本来国家施行科举制度，进行统一的规范化考试、标准化答卷，其本意是为了录取有才学之士效命国家，却想不到最后却导致了应试教育，成了削尖脑袋钻进体制内的工具。这究其本质，还是由于人的劣根性导致的。

到了这个时候，也就出现了"'天理'，多少'人欲'横流假汝之名而行之"的现象了。

而这也就是王阳明自打他是一个耿直少年的时候就耳闻目睹的状况，也就是后人常说的"满嘴的仁义道德，满肚子的男盗女娼"的局面。这真不能怪朱老前辈。

又由于程朱之说到了南宋以后有了官方认可和推崇。当然，封建统治者这个官方的居心也是有点点儿叵测的。否则，假如程朱之说如果真的是有益身心、利国利民，为什么朱熹老前辈在临终前，他的学问还横遭打压，人一走马上又成了香饽饽呢？这个问题且按下不表。

且说程朱之说成了官方的正统，国家开始提倡了，既给"存天理，灭人欲"的宣扬起到了正面作用，又给这句话的正确理解起到了一定的负面作用，越来越把朱老前辈的本意推向了一个极端。因为程朱之说自南宋以后成为官方正统了，官方一提倡，这可不得了了，当然各种国家资源都要向上靠拢，各种利益也就牵涉进来了，人的劣根性也慢慢就渗透进来了。综合各种因素，也就使程朱之说似乎显得越来越不堪了。

但是，圣贤的精神追求相比于雷锋同志是有过之而无不及的。他们愿意做许许多多在别人看来吃力不讨好的事情。

就比如这位打小儿就立志要当圣贤的王阳明先生，这时看到了这些现象，他就觉得自己不吐不快，不得不为这个事情做些什么，来解决社会风气的扭曲、正义之士在思想上的困顿。

他眼睁睁地看到很多如饥似渴的眼神和求知欲望强烈的年青学子，不得不跟着老夫子们天天念"存天理，灭人欲"，甚或也满嘴的仁义道德，却不能真正地解精神之渴。为了纠正这种偏差、偏激，王阳明响亮地提出了"知行合一"。

说实在的，从字面上看去，这个说法似乎并不是高明的。不但不高明，也看不出有什么玄机、玄理。

问题在于，这个说法十分的对症。

我不知道有没有人有这样的经验，生病的时候，花费很多钱、辗转全国各地、看了许多三甲医院的号称高明的大夫，吃了无数的苦药，也未见起效。有一天吃了几毛钱的土方子，大病痊愈的。这真是所谓的"药无贵贱，愈病则良；法无优劣，契机则妙"！

因为到了这个时候，"天理"和人们的距离似乎越来越大、越来越高不可攀。让人感到，这根本不是凡人能做到的事情。这事实上就是一种理解上的误区。好了，王阳明先生现在提出了"知行合一"，知道几分，做到几分。知就是行，行就是知。

这首先纠正了一个偏差，那就是弥补了天理和实际做事之间的差距。其次，弥合了"天理"和"人欲"之间的对立。到了王阳明这里，"天理"越来越反映在了"人欲"之中。天理并不见得是作为一种道德的高标，而是人的本性的一种反映。

对于同一个事物，一万个人心中有一万个标准、有一万种印象、有一万种评价。这是由于各人的背景、所处环境的不同而造成的，而它们都是人内心的贴切、真实的体验。王阳明所悟的道，也正是在这个方面做了具体详细地阐述。

王阳明说："圣人之道，吾性自足，向之求理于事物者误也。"

这就是说，其实圣人的大道是先天就存在于我的心中，根本不用去外界寻找。王阳明提出"心外无理，心外无物"，是把人心放在了一个高尚神圣的位置，认为人心是天地万物的主宰，世界的本源，是万物的造物主，世界上的一切都是由心所派生出来的，是内心在外界的显露与表现。

关于"心物一如"，王阳明在他的著作《传习录》中提了一个非常生动形象的事情：

有一天，王阳明同友人一起去南镇游玩，忽然看见在远处岩石间有一株高耸入云的大树，树上开满了娇嫩可爱、清香扑鼻的粉花。同来的友人想难倒王阳明，就问："你不是说天底下没有不在我心外的事物吗？可这株花树，在少有人烟的深山中自开自落，它和我的心有什么关系呢？"

友人本以为这一问会难住王阳明。王阳明沉默了片刻，悠悠地说道："你还没有看这株花时，花同我的心一样归于静寂，与世无争，这是我心的表现；当你千里走来看花时，花的颜色便如同人的心境一样豁然明亮，这难道跟我的心没有关系吗？"

这一番话驳得友人哑口无言，进而也开始神往于王阳明的思想和境界。

一千个人心中有一千个哈姆雷特，一个人的主观能动性在认识事物、评价事物的过程中有重要的作用。

那么，具体而言，阳明怎样用"心"来认识事物呢？用他自己的话来解释"格物致知"，"格物"自己心中以往所形成的儒学框架来建构自然物、建构事物、建构自己从事的低层次的活动。"致知"就是在"格物"的基础上达到认识事物的境界。

这有点儿像儿时我们搭积木的过程，先看着图想好框架，然后再一点点搭出美丽的房屋、长长的火车。

　　在"格物"的活动中，客体（一般无生命的事物）存在的种种属性，哪些可以注意，哪些不予注意，哪些需要夸大，哪些需要缩小，怎样重新组合，就完全可以由主体（具有主观能动性的人）来决定了。

　　那么，这深奥的思想又是怎样产生的呢？

　　在王阳明的早年，已有自我扩张、宰制万物的野心，根据《年谱》记载：他十五岁时"即慨然有经略四方之志，询诸夷种东和，悉闻备御策"，可谓"家事国事天下事事事关心"；二十六岁时"念武举之设仅得骑射搏击之士，而不可以收韬略统驭之才。于是留情武事，凡兵家秘书莫不精究"。他刚中举做官，便立功心切，不顾众人的非议，上奏皇帝"便宜八事"。刘谨权势极大、破坏朝纲，他挺身而出向皇帝进言。

　　可见王阳明在早年对于事物的认识、对于理想的选择是以圣人为参照，在他心目中，圣人的形象就是文可当治国良臣、武可当安邦的统帅，还要有不惧邪恶、能舍身扶正的一身正气。

　　然而等王阳明贬官龙场，这些圣人的标准就像色彩绚丽的肥皂泡一样——破灭了。环境忽然变成虚空，基本生活不能保证，还哪有心思去考虑治国安邦。更何况在这荒山野外，又哪儿有条件让他当文臣武将，哪儿有不平让他拔刀相助呢？

　　这个时候，一切为了生存才是他的生活的最生动写照。

　　著名心理学家马斯洛提出了人生"五大需求"：一是生理上的需要，即维持生活所必需的各种物质，如衣食、住房、医药、休息的最起码要求；二是安全上的需要，生活上要有所保障；三是感情和归属上的需要，获得纯真的友谊，真挚的爱情；四是自尊的需要，如有职业自豪感，受人尊敬；五是自我实现的需要，即事业心。

一般来说，这五大需要是逐层递升的。当然，有些人也可以牺牲低级需要来满足高级需要。例如古人不食"嗟来之食"、"富贵不能淫，贫贱不能移，威武不能屈"。可这一切的大道理对于王阳明来说都变得简单至极，那就是，只有生存下去，并且生存的更好，才有柳暗花明、路转峰回的一天。

于是，王阳明放弃了早年形成求圣心切的参照系，另寻成圣的出路。他开始以一种积极进取、乐观向上的生活态度去面对过去没有遇到的艰难险阻，很快就站稳了脚跟，找到了生活的乐趣，精神上更是茅塞顿开，领悟到了真知。

在王阳明看来，这一切好像都是完全触感而发，随事应对，是吾心本如此，是人的本能即这样。

所以王阳明得出了"心外无理，心外无物""格物致知"的结论。

王阳明的"吾心之道"对于他克服困难起了不可低估的积极作用。早在他读《周易》的时候，就从《周易》矛盾转化的思想中看到，事物不是固定不变的，自己的现状不过是变化中的一个过程，无所谓成与败。他坚信，只要希望没有破灭，只要自己努力，事情还是大有可为的。每当想到这里，他便兴奋得"起舞还再拜"。他曾专门有诗描述自己的心情：

> 起坐忆所梦，默溯犹历历；初淡自有形，继沦入无极；
>
> 无极生往来，往来万化出；万化无停机，往来何时息！
>
> 来者胡为信？往昔胡为屈？微哉屈信间，子舞与其屈。
>
> 非子尽精微，此理谁与测？何当衡庐间，相携玩羲易。

在万物求变、变中发展的思想中，王阳明又悟到了创新的重要性。

他对于传统的观念、《四书》中的教条开始抱以轻视的态度，对束手束脚、循规蹈矩，只知道读死书、死读书的腐儒们投以鄙夷的目光。他要用自己所学所感标新立异、勇于开拓，以达到事半功倍的效果。

王阳明在龙场的悟道，是他一生思想发展最重要的转变时期。以后王阳明思想的发展只是在此基础上的进一步完善和系统化。

同时，王阳明开始把思想运用于实践中，用理论去指导实践。虽然日后的困难更多，更复杂，但王阳明扬起他人生的风帆，在惊涛骇浪中自由航行，不仅再没有翻船，而且风浪越大，他前进的速度越快，建立起令人赞叹不已的伟大"事功"。

走上讲坛的王阳明

王阳明因得罪宦官刘瑾，由兵部主事贬谪为贵州龙场驿丞，于1508 年 3 月到达龙场。古龙场地处偏僻、生活艰苦、语言不通。王阳明身处逆境，在瘴疠丛生、环境险恶的条件下，思想极为烦恼、悲愤，他渐渐体悟圣人们处于极端困苦时的心态，在生死关头保持着平静和乐观的精神。

最终，他置生死荣辱得失不顾，在龙场潜心研究《易经》和"程朱理学"，终于大悟"格物致知"之旨，创立"知行合一"学说。

这个时候，王阳明的心学体系已经成熟了。

下一步王阳明要干什么？办学院，聚徒讲学，宣扬他的"知行合一"之说。

由于和当地土著老百姓相处的关系很融洽。王阳明从"玩易窝"移居到阳明洞时，附近的苗人义务帮助王阳明整修石洞，并伐木割草修建了龙岗书院、何陋轩、君子亭、宾阳堂等建筑。

由于王阳明的讲学内容别具一格，影响力渐渐扩大、听者众多，除贵州附近的弟子外，还有远从江西、湖南来龙岗书院听课的弟子。

当地老百姓也纷纷来到龙岗山观看听讲，多时达百余人，盛况空前。

王阳明讲学的形式也是不拘一格。有时在龙岗书院内正规授课，和弟子们在山涧游览休憩时，也就地进行讲学。在与弟子们一道同行的时候，如果弟子提出问题，王阳明就给弟子以解答。有的弟子不能常住书院，回家后遇到有想不通的疑难问题，就写书信请教，王阳明便回信给予解答，这真可谓是首开了中国函授教育的先河。

王阳明传授的知识内容也是非常丰富，包罗万象。大的方面有为君的治国之道、抵御敌人的战术战策、百姓丰衣足食的一套方法；小的方面不仅有几千年来争论不休的个人道德修养的问题，还有个人如何立志，勤学苦读，事半功倍学业有成的方法，甚至针对大家都头疼的考试，王阳明也用"四秘诀"的形式详细地论述考场上怎样沉着应试。这些知识，在王阳明那里都如涓涓细流，娓娓道来，浅显易懂。学习它们的人都会有相见恨晚之感。

由于讲学方法方式生动灵活，教学内容鞭辟入里，深受弟子们的欢迎。这实际上体现的是一个思想家的本色。什么本色？他不是出于照本宣科，而完全是自己由心而发，当然讲起课来也就运用自如。

思想家就是思想家。王阳明不但一边给弟子们讲授研究事物深奥微妙的方法，以及了解宇宙万物的本原和事物发展的规律，另一边，还教当地民族青年读书识字，学习文化、礼仪。不但"心物一如"，而且"深浅一如"。这真是奉行了儒学宗师孔子"有教无类"的思想。

今天的中国政治局面稳定、民族关系稳定，但是民族分裂势力尚在。在明代的边陲地区，这样的问题同样存在。但王阳明在这方面做得却很好，他积极维护民族地区的稳定。

王阳明初到龙场，不是觉得自己是"上国"来的高等民族而排斥当地少数民族。"群獠环聚讯，语庞意颇适"（王阳明诗《初至龙场无所止结草庵居之》），他对当地少数民族的亲近感表露无遗。

王阳明在《何陋轩记》中这样记到："龙场，古夷蔡之外，于今为要绥，而习类尚因其故。人皆以予自上国往，将陋其地，不能居也，而予处之旬月，安而乐之。"批判了那些认为少数民族居住的地方是蛮夷之地、不能居的说法。他很欣赏当地少数民族人民的淳朴。在《何陋轩记》中称，所居住地少数民族是"淳庞质素之遗"，是"未琢之璞""未绳之木"，给当时具有大汉族主义思想的人以猛烈的批评。

时任贵州宣慰使的安贵荣对王阳明的人品和学识非常崇敬。他知道王阳明在龙场的日子不好过，生活条件艰苦，便时常派人给王阳明送肉、米、金、帛、鞍马到他的阳明洞，帮助他改善改善生活，解决衣食住行的需要，还派人给王阳明挑水、砍柴。不过王阳明只留下油、盐、米，其余的都婉言辞谢。

正德二年（1507 年），宣慰使安贵荣因征普安香炉山有功，想进爵并担心水西驿而请求拆除驿站，王阳明以书相劝："减驿事非罪人所敢闻""凡朝廷制度，定自祖宗，后世守之，不可以擅改。在朝廷谓之变乱，况诸候乎！"（见《与安宣慰书》二）晓以撤驿利害，最终使九驿得以保存，避免了一场兵祸，使水西地区与中原的交流得以延续。

当水东苗族酋长阿贾阿札等发动叛乱、为地方一患，并进兵贵阳时，安贵荣本来不想出兵阻挡。这时，王阳明致以书信晓以利害，劝其火速出兵，"使君宜速出军，评定反侧，破众谗之口，息多端之议，弭方兴之变，绝难测之祸，补既往之愆，要将来之福"。安氏出兵平定了叛乱，平息了一场大乱。

水西苗夷人爱象，修象祠，安贵荣请他作记，他欣然作《象祠记》并记道："吾将以表于世，使知人之不善，虽若象焉，犹可以改，而君子之修德，及其至也，虽若象之不仁，而犹可以化之"，提醒和告诫当权者维护好民族的团结和少数民族地区的稳定，要靠加强教化的方式而不能靠强权。

王阳明与地方官员的关系也处理非常融洽。

按察副使毛科在贵阳整修了"文明书院"后，欲请王阳明前往讲学，当时，王阳明因为有病而推辞了。

此后，贵州提学副使席书又到阳明洞先后往返四次，请问王阳明与朱熹、陆九渊学问的差别和共同之处，王阳明不予正面回答，只是把自己在龙场悟出的"知行合一"新学说详细阐述给他听。席书听后非常赞同他的观点，并感慨地说："圣人的学问又从今天看见了！"

于是席书又请王阳明到"文明书院"去讲学。1509 年 11 月，王阳明接受了席书的邀请，到文明书院主讲他的"知行合一"之说。

道德、文章不分家。在龙场期间，王阳明文章也做了不少。

除过王阳明受宣慰使安贵荣之请，为水西彝族修复的象祠作《象祠记》之外，他还为按察副使毛科写《远俗亭记》，为监察御史王济写《文章轨范序》，为总兵施怀柔写《气候图序》，还为阳朔知县杨尚文写墓志铭。

期间，他与贵州许多政界人士都有交往。

王阳明在龙场时间两年余，身处逆境，困难诸多，却写下了《居夷诗》130 首，著有《五经臆说》46 卷，共有记、序、文、信等各类文章 28 篇。这一期间的文章中，其中被选入《古文观止》的名篇有《瘗旅文》《象祠记》。

王阳明在研读讲学之余，还游览附近的山水风光。他先后涉足谷堡天生桥、洒坪蜈蚣桥，还到六广河观赏峡谷风光。所到之处，或著文、或吟诗赞美当地的山水民情，也反映他对人生哲理、教育思想的体悟，记录了他的教学活动。

"龙场悟道"是王阳明一生中最重要的一个转折阶段。"知行合一"的创立被认为是中国哲学史上的一个重要突破。

第四章
以心法建功业

从孔子身上的佩剑说起

后世儒生给人的印象往往是"文质彬彬"——戴着眼镜的斯文先生，四体不勤、五谷不分，乃至于手无缚鸡之力、风一吹就倒。

可是文质彬彬本意并不是斯斯文文的意思。《论语·雍也》中说："质胜文则野；文胜质则史。文质彬彬；然后君子。"意思是，君子既不要朴实胜过文雅，否则显得粗野，也不要文雅胜过朴实，否则显得呆板，文雅和朴实要兼具、相得益彰，这才称得上君子。

人们都知道孔子是中国思想家、教育家，乃至是宽厚仁慈、礼仪道德的典范。但是有人注意到，在唐代画家吴道子著名的"孔子行教像"中，孔子的腰间却悬着一把宝剑！

传说孔子是有武艺在身的。据说他能够达到"孔子之劲，能拓国门之关，而不肯以力闻"（《列子·说符篇》）。但开创儒学的孔子，是不屑于动武的，也瞧不起武夫。

据《孔子家语》记载，一次子路身穿军装，拔剑而舞，去见孔子，问道："古代的君子是以剑自卫的吗？"孔子说："古代的君子是以'忠'为本质，以'仁'为自卫，虽足不出户，而能知千里之外。世上虽有不良之事，应以'忠'化解它；有侵犯和暴力之事，则以'仁'去安定它。哪里用得到剑呢？"

不过，孔子虽然反对暴力，但却极重视武备，他教育门人："为国者足食足兵，以不教民战，是谓弃之，明兵之重也。"

孔子任鲁司寇的那年夏天，齐景公派人使鲁，约定两国君主在齐鲁边境的峡谷会见。因鲁国历来拥晋不附齐，齐景公便打算这次武力迫鲁服齐。孔子作为外交官员，准确预见到这齐国的目的及可能手段。并建议说："我听说外交活动中，须有军事准备，而在战场上，必须以外交手段辅之，文武交互为用。"鲁定公采纳了建议，命左右司马带兵同去，致齐彻底失败。

在这种尚武精神的支配下，孔子认为只有"六艺"（礼、乐、书、数、射和御）精通才算合格的士，可见那时的士，包括孔子在内，同样有着一股阳刚之气。

还有这样一个故事，孔子有个弟子叫澹台子羽，他相貌丑陋，但胆气过人。据说澹台子羽从吴国得到了一柄有名的宝剑，在回中原乘船渡长江时，恰遇大风大浪，有两条蛟龙夹绕着船，要夺他的宝剑，眼看就要翻船，十分危急。澹台子羽向划船的人说："你们说，遇上两条蛟龙绕船，双方能够同时活下来吗？"划船的人都说：

"当然不能。"澹台子羽于是撩开衣服，拔出宝剑，说："我权当这条身子是江中的一堆腐尸，何必为了保全生命而丢掉宝剑呢！"于是跳进江心，挥剑和两条蛟龙奋战，杀死了它们，又跳上船，一船人都得救了。

孔子知道这件事后，赞叹道："澹台子羽是个真正的勇士和君子啊！"

在孔子的七十二贤和三千后学中，不乏像子路、澹台子羽这样的武侠之士。他的大弟子曾参说："托六尺之孤，可以寄百里之命，临大节而不可夺也，君子欤？君子人也！"

从子路的戎服拔剑而舞见孔子，到澹台子羽挥宝剑斩蛟于长江，说明当时在孔门弟子中爱剑、佩剑、舞剑之风的盛行。

总起来说，宋以前中国的士人都以佩剑为时尚，就跟一二十年前知识分子都喜欢在衣服前口袋上别枝笔一样的。宋之前的唐代，在大诗人李白的诗中，还能看到对于剑的歌咏。直到宋代，皇朝为了加强中央集权，不断地压制武官、崇文抑武，武人社会地位下降，中国人尚武精神这才渐渐消退，士人不再佩剑。但文强武弱的宋代，还是出了像辛弃疾这样文武双全、立下赫赫战功的士人。

综观王阳明一生可以发现，他与中国历史上其他大儒、大哲学家最突出的不同处就是"事功"卓著。有人统计，王阳明一生建有八大"事功"：1."平漳州寇"；2."平大庚寇"；3."平苏水、左溪寇"；4."平桶风寇"；5."平大涮寇"；6."平宁王叛乱"；7."平思田寇"；8."平八寨寇"。

而且，王阳明的事功之卓，不仅体现在用兵次数上，更体现在用兵的质量上。他和其他那些行伍出身的专业军事将领比起来，用兵的消耗少，收效大。如平定江西、福建农民起义，故"悉罢客兵，自募乡勇"，既省开支，又利调遣。谷应泰说"夫诸臣平叛，迟而变随，新建（指王阳明）平叛，速而定。"毛大可说："有明世多贼。自永乐蒲台，正统之庆元，以迄顺成弘正，凡畿南、河北、川东、岭西无不与贼终始。而守仁剿后，天下无贼者则嘉隆万历以至天启，凡四世而后米脂之祸作。"（《阳明先生传纂》）

这也可以总结为，一个真正的大思想家，他的素质应该是全面的。

平凡岗位上的不凡事功

明正德五年（1510 年）三月，龙场三年贬谪期满，王阳明赴庐陵（今江西省吉安县）任知县职，时年 38 岁。

就在离开龙场的前一夜，王阳明望着曾住了三年之久的"阳明小洞天""玩易窝""何陋轩""君子亭"这些地方，"无情未必真豪杰"，王阳明抚摸着山洞墙壁上层层青苔，耳边又回响起昔日的朗朗读书声，梦回昨日手拿锄头，辛勤劳作的情景。一股恋恋不舍的依别之情涌上心头。

话说王阳明到庐陵上任办公的第一天，县衙突然涌进一群当地乡民，称自己有天大的冤屈，纷纷表示情绪极不稳定，要伸冤打官司。

王阳明把几个叫得最凶的人请进来一问，发现都是些鸡毛蒜皮的小事来打官司。随即他又发现，庐陵地区民风强悍，邻里间一有点什么冲突便要到官府打官司，搞得官府疲于应对。

王阳明发布文告知会百姓："从现在开始，官府不再开门受理案件了，大家不要前来告状，因为现在正是春耕，农时要紧，都来告状，势必影响农耕，农时一失，全年无望。如果你真有冤情，我自然能够听到，自然调查清楚帮你伸冤。邻里间要和睦友善，相互谦让，如果有以良善著称于乡里的人家，我会亲自登门拜访致敬。"

说也奇怪，这布告张贴出去后，不断有人来撤诉，庐陵的民风为之一变。

王阳明用这种尊重百姓的方式，激发百姓本来就存有的善心，用道德来加强治理，取得事半功倍的效果。在庐陵不到七个月的时间里，王阳明处理了一系列严重的突发性事件，其中包括旱灾、瘟疫、火灾、盗贼等等。

庐陵县城一直是吉州、吉安府的行政驻地，是吉安的首县，百姓的税赋负担特别重。原因是，前几任朝廷下派的"镇守中官"与当地的地痞流氓相互勾结，将朝廷的税赋层层加码，乘机中饱私囊。庐陵县增加了木炭、牲口、杉木等多项摊派任务，需要交纳的税银达一万多两。本地缺少这些东西，就由百姓出钱去外地购买上缴。对这些增加的负担和无理的摊派，庐陵县的百姓当然不愿承担，便拒绝交纳。

这可难住了新任知县王阳明。税赋任务是上面分派下来的，不完成就不好向上司交差。可这些增加的税赋明显不合理，百姓也难以承受。如果强行征收，激起了民愤怎么办？

果不其然，有一天上千名乡民冲进县城，沿途的居民呐喊助威，吉安城人心惶惶。王阳明派人一打听，原来是乡民听说新来的知县在中央当过官，明事理、有声望，请他为百姓做主，减免赋税。

王阳明十分同情这些穿得破破烂烂的百姓，要他们派几个代表来陈述理由。听完缘由之后，王阳明当场表示一定向上司申告，减免加派的税赋。他当天就向吉安府和江西布政使司写了一份《庐陵县为乞蠲免以苏民困事》的报告，还亲自去说明原因。

上司为他的真诚所感动，也就同意了。

朝廷派在江西督税赋的镇守中官是个姓王的宦官，早就听说过王阳明的事迹，知道王阳明在京城任职时对权臣都敢提反对意见，在京城有不少他的弟子，很有声望，不太好对付，何况朝廷对加派税赋不知底细，事情闹大了自己也不好收场，就睁只眼闭只眼让这事过去了。

新来的知县一来就争取到了上面支持，免去了多年增加的摊派，庐陵百姓一时间心服口服、敬重有加。

庐陵县城从唐宋起就比较繁华，沿江大街和后河两旁店铺连绵，青石街和高峰坡一带居民密集。因庐陵一直盛产木材，店铺和民居不少是木板房，巷道也不宽，而且少砖墙相隔，一旦发生火灾，受害面大。王阳明上任不久，以县衙的名义发出通知：

> "一是凡临街建筑，全退进三尺，以拓宽街道，火灾发生时，可作防火带，也便于疏散人口；二是每家店铺店屋，全退进二尺，作防火巷；三是每户出一钱银子，用来为临巷道的房屋建砖墙，隔离火势。"

这些利民的措施肯定会损害一些人的利益。王阳明派员挨门上户去动员说服，使大家知道这是为老百姓着想。结果此举得到百姓的广泛支持，防火工程进展顺利，庐陵县城的火灾明显减少。

王阳明在庐陵担任县令时，有一次衙门抓到了一个罪恶滔天的大盗。这个大盗冥顽不灵，面对各种讯问强烈顽抗。

王阳明亲自审问他，他一副死猪不怕开水烫的架势说："要杀要剐随便，就别废话了！"

王阳明于是说："那好，今天就不审了。不过，天气太热，你还是把外衣脱了，我们随便聊聊。"

大盗说："脱就脱！"

过了一会，王阳明又说："天气实在是热，不如把内衣也脱了吧！"

大盗仍然是不以为然的样子："光着膀子也是经常的事，没什么大不了的。"

又过了一会，王阳明又说："膀子都光了，不如把内裤也脱了，一丝不挂岂不更自在？"

大盗这回一点都不"豪爽"了，慌忙摆手说："不方便，不方便！"

王阳明说："有何不方便？你死都不怕，还在乎一条内裤吗？看来你还是有廉耻之心的，是有良知的，你并非一无是处呀！"

王阳明除了在公务之余去学馆、书院传授理学思想，还恢复了明初设立但早已名存实亡的"申明亭"和"旌善亭"制度，要求各乡村都要设立"两亭"，凡是当地的偷盗者、斗殴者或被官府定罪的，都在该地"申明亭"中张榜公布，警戒他人；凡当地热心于办公益事业和乐于助人者，为国家和地方作了贡献者，在该地"旌善亭"张榜表彰，树立榜样。这项扬善惩恶的举措，有力促进了乡风民风的好转。

王阳明还命令在县城边的一些小巷里准备物资材料，建立火巷，倘若敌人忽然突袭，只要一声令下，这些无人居住的小巷便会燃起熊熊烈火，把敌人烧得片甲不留；他利用庐陵周围有溪有河的地势，训练了一支神武干练、水性极好的士兵，一旦打起仗来，士兵能陆能水，来去自由，让敌人插翅也难逃他们的手掌。王阳明还组织百姓自愿组成保甲，夜间巡逻。

转眼之间七个月过去了，庐陵在王阳明的治理下，发生了很大的变化。县城的秩序井然，到了路不拾遗、夜不闭户的程度。

正当王阳明在庐陵大显身手的时候，他得到一个消息，迫害他的权奸刘瑾终于倒台了。

明武宗正德五年（1510 年），宦官刘瑾受凌迟之刑而死，恨者至于以钱买其肉而食之。

王阳明的入狱、被贬本来是刘瑾势力一手操控的政治斗争。现在刘瑾倒台了，王阳明在政治上翻身的机会来了。刘瑾被诛，被刘瑾迫害过的人自然也纷纷翻案，得到了中央的特别照顾，纷纷回到自己原来的工作岗位上。

王阳明也被平反，被组织部门委以新的职务——南京刑部主事，还没等到南京上任，正德十一年（1516 年），王阳明又升官了。应该说王阳明从贵州回来之后的官运亨通，很大程度上是因为他遇到了贵人相助。内阁大学士杨一清在第一次见到王阳明时便觉得他必定是个栋梁之才，帮王阳明说了不少的好话，兵部尚书王琼惊讶于王阳明文武兼修的全面，多次破格提拔王阳明。于是这年九月，王阳明荣升都察院左副都御使，奉旨巡抚赣南。

六年时间里，从不入流的龙场招待所所长，晋升为正三品最高人民检察院副检察长，王阳明真可谓是东山再起。

王阳明要离开庐陵的消息一传十、十传百，不到半天的功夫就家喻户晓。在王阳明赴京师的清晨，全县百姓都来送行，大家头顶香烛、跪地迎拜，强壮的男丁更是要与县令同行，在旅途护送王阳明。

王阳明的世界里，"天下无贼"

正德十二年（1517 年）正月，王阳明来到了赣州，以中央高级专员的身份巡抚赣南。

作为空降干部，别处的巡抚们也就是每天跟当地的布政使等地方官员喝喝茶、聊聊天，监督监督财政税收有没有问题。王阳明一到任，却发现自己这个巡抚和其他巡抚有很大的不同，这个不同主要是因为他巡抚的地方：赣南。

赣州地处江西省南部，东临福建省，西面与湖南省相接。

这里既是接近于三不管地区，且地形非常复杂，山水交错纵横，到处都是茂密的树林。而且在大明朝，赣州地区有一项盛产——土匪。这些土匪，有些是被逼上梁山的绿林豪杰，有些则是生性奸邪、好吃懒做、烧杀抢掠的正宗恐怖分子。

这种在一般人眼中的困难局面，在王阳明这里简直是一笑而过。当年在贵州一穷二白的扶贫工作都撑下来了，现在领悟了圣贤之道的他怎么会怕土匪呢？

战略上藐视完敌人，战术上又不得不重视敌人。王阳明组织周围府县的官差与民兵，开始了剿匪工程。

阳春三月，王阳明拼凑了两万人马浩浩荡荡、气势汹汹地挺进了山区，部队一路顺利推进，三天之后就灰溜溜地打道回府了，原因是，推进过于顺利了——连一个土匪的影子也没碰到！

如此几个回合下来，王阳明意识到了此间有猫腻。根据有关情况汇报，在山区里明明盘踞着几十股土匪，怎么可能连续好几次军事行动全都扑了个空呢？经过思考他得出了一个结论，有内奸。

接下来，部队休整了半个月，属下的官兵大都以为王阳明放弃了。毕竟连续好几次都无功而返，毕竟赣南地区的土匪已经盘踞了很久，朝廷屡次招安也没见成效，屡次出兵也未能平定。根据以往的经验，这位初来乍到的王大人也不过是新官上任三把火，热乎劲过去了大家就消停了。

然而大伙儿都错了，因为王阳明不仅仅是王大人，他还有另一个称谓叫做王圣人。

这一天，王阳明突然发布紧急命令，要求各部队迅速集结，明天一大早即出兵剿匪。命令一下达各部门都慌了手脚，营地里鸡飞狗跳、大家急急忙忙做出战准备。结果到了第二天晌午也不见王大人来营地。直到过了晌午，王大人才睡眼惺忪、打着哈欠来到了军帐，开始告诉大家为什么要放大家鸽子的原因。

王明阳昨天忙了整整一个晚上。

他在忙什么呢？在下令出兵剿匪后，他暗中派可靠人手把守了各个进入山区的路口，凡是形迹可疑的人一律给抓回来。一审查就发现，果不其然其中有不少都是自己的手下。王阳明再对抓住的内鬼严加审讯，基本上把内奸都摸了出来。

通过一番爱国主义熏陶与棍棒教育，王阳明彻底整肃了剿匪班子，保证了革命队伍的纯洁性。

为了改善剿匪作战的环境，王阳明还实行了"十家牌法"，即是以城里相邻的每十家人为一组，用一个小牌子登记上哪家哪户有哪些人，每家人每天轮流巡查点名，要是哪家今天少了一个人又或是多了一个人，十家人全部挨板子。实施了这种"连坐"的严厉措施后，再没人敢去给山里的土匪送信。逢年过节，土匪也不敢请假回家探亲了。

这样以来，原本敌暗我明的不利局面一举扭转。没等王阳明再去剿，山里的土匪先受不了了。

首先，失去了眼线和情报的来源，土匪们不敢冒然下山抢粮食、抢财物。结果老待在山里的土匪们真可谓坐吃山空，渐渐地，土匪们的日子一天不如一天，吃了上顿没下顿。

狗急跳墙。土匪们决定放弃持久战和游击战方针，开始主动出击。

这天，王阳明接到了急报，漳州大帽山土匪头子詹师富率领众土匪攻城拔寨，势不可挡，漳州已经告急！

后世称王阳明为四家，兼哲学家、政治家、文学家、军事家于一身。这时候，军事家王阳明准备显身手了。

接到急报后，王阳明亲自率领一万军马赶赴漳州，在长富村一带阻击土匪。

王阳明手下这一万官兵里面，其实绝大多数都不是正规军，而是那些饱受匪患之苦的当地老百姓。这伙人作战热情高涨，纷纷表示一定要拼死作战、为国效力。王阳明听了非常高兴，召集大伙儿做了战前动员。

他慷慨激昂的说："唯有诸位全力杀敌，匪患才能彻底平息，唯有平匪患，百姓生活才能安居乐意，唯有百姓安居乐业，朝廷才能太平，国家才能兴旺！"

一番鼓动人心的演讲后，王阳明下令，所有官兵一律不得出战。

这下大家面面相觑，还以为自己听错了。难道王大人对土匪要大发慈悲？

王阳明接着说："山人自有妙计。"

王阳明心里早就打好了算盘：匪军一路冲杀，势头正盛，官军却刚从赣州一路急行军赶过来。匪军不但以逸待劳还熟悉地形，就算硬碰硬够取得胜利，也要付出惨重代价，不如坚守不出，坐以待机。

由于王阳明军驻扎的长富村扼守着土匪们通往漳州的唯一通道，王阳明用这一万部队挡道，据营死守。土匪的队伍在十几天里发起了几十次自杀式冲锋，但在王阳明的缩头战术下均无功而返。

到了第二十天，土匪头子詹师富坐不住了，因为他发现了一个重要的问题，粮食。

官兵这方面有政府支持，而且得到了普通老百姓拥护，后勤补给充足。而匪军的所有补给基本靠抢，二十天没抢到东西，粮食便有些吃紧了。这天詹师富在吃饭的时候，发现自己斗大的饭碗里居然只有半碗饭，纳闷地问了问师爷，师爷说："回老大，我们很多弟兄今天都没饭吃了，您老就凑合下吧。"

詹师富叹了口气："咱们今天最后组织一波进攻，不行的话明天撤退吧。"

结果可想而知，进攻的土匪们又被轰了回去。

詹师富打定主意，明天天一亮就撤退。留得青山在不怕没柴烧，回到大帽山继续当自己的山大王。

当天夜里，匪军营帐一片安详，詹老大正躺在床上酣睡，准备睡个懒觉起床后便鸣金收兵，忽听外头传来一声震天巨响，紧接着，原本一片漆黑的天空被火光照得如白天一般，四处喊杀声、惨叫声响成一片。

原来，王阳明精心筛选了爬山能手组成了特种部队，命他们藏在于两侧的山上，待到晚上一声令下，将随身携带的火箭火炮齐刷刷地打向匪军大营。

詹师富迷迷糊糊，还没想明白是怎么回事，王阳明的大军已经从正面开始进攻了，士兵们憋了大半个月的力气全都使了出来，一路冲杀，匪军全线崩溃，向老巢大帽山奔逃。

詹师富带着灰头土脸的残兵败将逃命，王阳明在后面意气风发的狂追，大有老虎追兔子的架势。

兔子急了也咬人，逃了一晚上的詹师富痛定思痛，逃也不是个办法，于是集中战斗力较强的死党，在逃跑的路上设下了埋伏。官军的前队追得太急，前队的指挥覃桓、县丞纪庸一不小心中了土匪们的埋伏，以身殉国。

这一来，詹师富总算带着残余的三千土匪回到了老巢。大帽山地势险峻、易守难攻，匪军们拿出了珍藏已久的弓箭火硝滚木等守城器械，准备死守。

这个时候的王阳明算是松了一口气。他传令大加犒劳有功之士，与军民一起开怀畅饮，该奖励奖励该升官升官，并表示部队要休整几月，待到立秋天气凉爽再进兵大帽山。匪军打探到这一"重要"情报，赶紧回去报告。詹师富闻言长长地舒了口气，开始休养生息。

当天晚上，酣睡的詹师富又被喊杀声吵醒——碰上王军事家，詹老大睡个觉容易么。原来此前的情报不过是王阳明为了让他放松警惕，故意散布的假消息。官军此时早已悄悄顺后山的小路摸了上来，会同正面的大部队结结实实地把匪军包了饺子。

接下来的几天里，官军如同秋风扫落叶一样清剿着残余的匪军，最终全歼了大帽山恐怖组织，活捉头目詹师富，后詹师富因为其恶行累累被押解京师问斩。这是明朝的政府军第一次在赣南剿匪战中取得的重大胜利。

王阳明先生主演的江西剿匪记仍在继续。

在这次剿匪大会战中，王阳明明显感觉到，他作为一个文官，对部队的节制力有限，大大影响了部队的作战效率。他随后上书朝廷，希望给予他剿匪过程中的绝对指挥权。地方大员索要兵权本是极大的忌讳，这个道理不用多说。

果不其然，王阳明的上书遭到了以找茬为己任的言官们的严斥，纷纷出来骂街，难不成想造反？指斥王阳明别有用心、图谋不轨，要求将他就地拿下。

好在这个时候老熟人兵部尚书王琼站出来为王阳明说法。他了解王阳明的为人，知道王阳明是出于一片公心，力排众议批准了请求。这年九月，王阳明拿到了兵部的临时授权——旗牌，正式提督赣、漳军务。

有了旗牌的授权和提督军务的身份，王阳明开始大刀阔斧地整顿军务。青少年时代王阳明在课外书中学到的治军之法这时派上了用场。

他以二十五人为一伍，一伍人中设立一个小甲长带队；两伍为一队，一队设立一个总甲长指挥；四甲为一哨，一哨由一个长协；两哨为一营，设一个长官两个参谋；三营为一阵，一阵设立一个偏将；两阵为一军，一军设立一个副将。

最关键的是，王阳明拥有着这些职务的任命权与战时指挥权，他们在战时不必听命于朝廷，直接对王阳明负责。通过这些改革，又加上有了一定实战经验，王阳明统帅的队伍已经从战斗力低下的民兵组织变成了精锐部队。

接下来，王阳明进兵大庾，消灭了陈日能为首的土匪；驰援南安，消灭了来犯的钟明贵的武装割据势力。

稍加修整后，王阳明又把矛头对准了盘踞在横水、左溪的谢志山。

王阳明亲自率领主力部队从正面进攻横水，都指挥使许清从南康北上进攻左翼，赣州知府刑珣出兵上饶佯攻，这两支部队在横水城外三十里处回合；南安知府季激率领部队进攻左溪，吉安知府伍文定率部拦截在衡水城后方，阻击即将溃败的敌军。在如此周密的作战计划下，王阳明很快就攻下了横水，官军势如破竹，从十月下旬出兵横水道十二月下旬收兵，官军一共攻克了大小匪巢八十四个，歼灭匪徒八千余人，取得了前所未有的辉煌战果。

此后，部队回到赣州休整。

这时的赣南今非昔比，在王阳明的打击下，土匪再也不能为所欲为、大规模地兴风作浪了。

王阳明最后的目标是老牌土匪头子池仲容。而池仲容听说自己是王阳明的下一个目标，想到詹师富、谢志山同行均被剿灭，不免后怕。思来想去，他决定接受诏安，保全身家性命。周边的土匪们本来就听闻这位王巡抚三头六臂，甚是可怕，又见老大都投降了，都感到穷途末路，纷纷向朝廷投降。于是，每天巡抚衙门都挤满了人，全是来从良的土匪。

不过，来投降的土匪中有一部分不过是采取权宜之计，眼下看王巡抚势头凶狠，想先避避风头再说。等到王大人走了再重操旧业。但是，王大人不但狠，还贼。在受降时，王阳明会详细地查阅该土匪的档案，如果是第一次投降便以礼相待；如果是累犯者从严从重法办。

不出王阳明所料，土匪池仲容的队伍里就有好几千人是诈降，他们躲在山寨里既不缴械也不接受改编。王阳明也不想大动干戈，他找来八百名精锐士兵，让他们乔装打扮，穿上土匪的衣服，装作溃败的土匪混上山，来个里应外合，全歼了山上的余匪。

经过王阳明来回这么一折腾，土匪们真投降的庆幸自己是真投降，对王巡抚的宽大政策感恩戴德；假投降的立马识时务者为俊杰也变成了真投降，困扰赣南几十年的大股匪患终于彻底被消灭。

王阳明的大名渐渐传播开来，凡经过之处，当地群众都夹道奉迎。据《王阳明全书》中《年谱》记载，正德十二年（1517 年）十二月，王阳明从江西南部率领军队去南康，沿途一路"百姓顶香迎拜，所经州县隘所，各立生祠。远乡之民，各肖像于祖堂，岁时拜祝"。简直是把王阳明奉若神圣一般。

可是王阳明自己是什么样的心境呢？从他给朋友的一封信中看以看得出来："破山中贼易，破心中贼难。区区剪除鼠疫，何足为荣？若诸贤扫荡心腹之寇，以收廓清平定之功，此城大丈夫不世之伟绩。"

多么精辟的结论："破山中贼易，破心中贼难。"

破山中之贼，只要你深得兵法要领，就会攻无不克；而要破心中之贼，也就意味着要战胜自我，这确是一个人一生中最难做到的事情。

破山中贼，更要破心中贼

赣南是王阳明立德、立功、立言之地，是王阳明"文治武功"的实践之地。嘉靖七年（1528 年），57 岁的王阳明从广西梧州东归浙江老家途中，病逝于江西大余县青龙镇赤江村，所以，赣南也是王阳明生命的最后一站，或许可以这样说，赣南成就了王阳明的理想，而王阳明也深刻影响了赣南。这是后话。

话说正德十三年（1518 年）正月，王阳明领兵进入广东龙川三浰（今和平县域）时，途中给学生薛侃写了一封信，信中说平定三浰贼只是时间问题，但"破山中贼易，破心中贼难"，此刻王阳明早已明白"心中贼"之祸远大于"山中贼"之恶。

四月，三浰贼被剿灭后，王阳明班师途中，路过太平堡（今赣州龙南县杨村镇）。自古以来流传着"太平堡太平，天下太平"的说法。此地远离县城，位于九连山麓，山多田少，山民多不能自足，故世代多出"乱民"出现，所以才有了上面的说法。

了解了这些情况后王阳明大为感慨：贼与民之间的距离真的只是一道坎呵！内心有良知则为民，内心失良知则为贼。那么，如何将山贼转化成良民？王阳明开始认真思考这个问题。

如何"破心中贼"？王阳明深思熟虑之后，认为必须从教化老百姓入手。如何教化老百姓？办书院、兴社学。

本来，中国古代的书院教育主要是面向士大夫阶层的。在赣南，王阳明以古本《大学》为基础教材，结合自己的"致良知"与"知行合一"的理念亲自设帐讲学。在赣州通天岩、于都罗田岩、龙南玉石岩、瑞金县学、南安府学等许多地方，都留下了王阳明讲学的身影。

正德十三年（1518 年）九月，王阳明又整修了赣州城内的濂溪书院。濂溪书院本是为纪念北宋理学家周敦颐在虔州讲学而建，而今成了王阳明讲学的地方。有意思的是，这所书院最终更名为阳明书院。在明末，这所书院更名为廉泉书院；清末，赣州知府王藩在郁孤台下重建这所书院，为纪念王阳明在赣南的卓越贡献，更名为阳明书院。

最积极响应王阳明兴办书院号召的莫过于赣州知府邢珣和赣县知县邹守益了。这是因为，南赣巡抚衙门与赣州府衙、赣县县衙同城共治，这二人因此成为王阳明南赣活动期间最重要的助手。特别是赣州知府邢珣，王阳明对他礼遇有加；邢珣提出的建议，王阳明也多有采纳。邢珣是王阳明指挥的历次战役中的重要辅佐者，王阳明指示整修濂溪书院，邢珣也是直接实施者。可以说，邢珣是王阳明在南赣立下"文治武功"最好的见证者与参与者。出于对邢珣的尊重，多年以后，王阳明的大弟子邹守益还把邢珣像摆进虔州报功祠，配享王阳明，并写《虔州报功祠配享记》专门记载此事。

王阳明主政南赣期间，邢珣受命在赣州府城中一次性建立了五家书院，据记载，这五家书院"东曰义泉书院，南曰正蒙书院，西曰富安书院，又西曰镇宁书院，北曰龙池书院"。如此一来，以中心城市带动县里乡村，以正规书院带动民间社学，很快整个南赣地区便形成了非常浓厚的办书院、兴社学的热潮。在此情形下，江西省内外许多学者纷至沓来，王阳明聚徒讲学盛况空前，以致形成后来著名的江右王学。

王阳明主政期间及后来一段时期，赣州、南安二府各县邑也涌现了不少书院，如于都县龙溪书院、罗田岩濂溪书院、龙门书院、雩阳书院，信丰县桃溪书院、壶峰书院、崇正书院，兴国县安湖书院、鸿飞书院、长春书院、南山书院，会昌县湘江书院，安远县濂溪书院、太平书院，上犹县兴文书院、东山书院等。

明初，朱元璋曾下令"天下五十家立社学一所"，但这一制度并没有很好地贯彻落实，社学远未达到朱元璋所设想的普及程度。正德十三年四月（1518年），王阳明在平定三浰贼后，开始积极推动南赣地区社学的建立。

《王阳明年谱》记："先生谓民风不善，由于教化未明。今幸盗贼稍平，民困渐息，一应移风易俗之事，虽未能尽举，姑且就其浅近易行者，开导训诲。即行告谕，发南、赣所属各县父老子弟，互相戒勉，兴立社学，延师教子，歌诗习礼。出入街衢，官长至，俱叉手拱立。先生或赞赏训诱之。久之，市民亦知冠服，朝夕歌声，达于委巷，雍雍然渐成礼让之俗矣。"

为推广社学，王阳明先后颁发了十余道牌谕，其中专为南安、赣州两府所颁发的牌谕就有《兴举社学牌》《颁行社学教条》和《行于都县建立社学牌》三块。

第一块牌谕，是正德十三年四月（1518年）颁发的《兴举社学牌》。牌谕云："看得赣州社学乡馆，教读贤否，尚多淆杂；是以诗礼之教，久已施行；而淳厚之俗，未见兴起。"王阳明认为当时赣州的社学乡馆还不规范，没有为弘扬良好的社会风尚发挥应有的作用。他认为当务之急是提高教师的待遇，形成尊师重道的风尚，他要求地方官府"将各馆教读，通行访择；务学术明正，行止端方者，乃与兹选；官府仍籍记姓名，量行支给薪米，以资勤苦；优其礼待，以示崇劝"。

这种以官府名义设于乡社间的学校，官府承担教舍建设、师资费用，并对入学生员给予免差役的待遇及一定的学资补助，一时在赣南极为昌盛。

王阳明主政期间及之后较长时期，几乎每个县邑的人口主要聚居地都建有社学。仅据清同治版《赣州府志》记载就有赣县章水乡社学、长兴乡社学、大由乡社学、爱敬乡社学，兴国县城南隅孝行坊社学、城北隅新安坊社学，长宁县黄乡司故城社学，南康县顺化乡社学、南良村社学，崇义县养正社学、志通社学、徙义社学、广业社学等。受官府办学影响，民间义学也随之兴起，如于都县奎星阁义学，信丰县宾兴义学、养正义学，兴国县冀林义学、王原义塾等。

第二块牌谕《颁行社学教条》再次强调要对延聘的教师"礼貌优待，给薪米纸笔之资"。与此同时，王阳明对教师也提出了要求，他希望教师对学生"尽心训导，视童蒙如己子，以启迪为家事，不但训饬其子弟，亦复化喻其父兄；不但勤劳于诗礼章句之间，尤在致力于德行心术之本"，最终达到"使礼让日新，风俗日美"的目标。

第三块牌谕是《行于都县建立社学牌》。王阳明为什么特别为于都建立社学颁发一道牌谕呢？正德十二年（1517年）五月，王阳明自漳南回赣州的路途中，在于都罗田岩与一批来自本邑和吉安的弟子们相聚。于都罗田岩这批弟子中好几位后来成了王阳明南赣巡抚时期最得力的谋士与学生，比如何廷仁、黄宏纲长期跟随在王阳明身边，稍后相识的袁庆麟则是被王阳明看重的另一位于都籍学人。

袁庆麟曾接受江西督学邵宝曾的邀请，主持白鹿洞书院，赣州知府吴玨也曾请他为郡学施教。正德十三年四月，回到家乡的袁庆麟携所著《刍荛余论》到赣州专程拜谒王阳明，两人交谈甚欢，王阳明称其文章为"从静悟中得来者也"，于是聘请他督导本府社学。这年六月，袁庆麟为王阳明《朱子晚年定论》作跋。七月，他又率先在于都刊刻了这部重要的著作。起初，王阳明对这部著作的印行并不开心，但"士夫见之，乃往往遂有开发者，无意得此一助，亦颇省颊舌之劳也"。

有感于于都文化学者之昌盛，王阳明在县邑层次推行社学时，首先选择了于都县。正德十六年（1521 年）十二月，王阳明颁布《行于都县建立社学牌》："本院近于赣州府城设立社学乡馆，教育民间子弟，风俗顿渐移易。牌仰于都县掌印官，即于该县起立社学，选取民间俊秀子弟，备用礼币，敦请学行之士，延为师长；查照本院原定学规，尽心教导；务使人知礼让，户习《诗》《书》，丕变偷薄之风，以成淳厚之俗。毋得违延忽视，及虚文搪塞取咎。"其中"敦请学行之士，延为师长"，即指于都学者袁庆麟等。

王阳明在赣南大举推动书院与社学的建设，起到了教化当地百姓、改易好斗逞凶的民风民俗的作用，使南赣民风为之一变。直至今天，南赣客家人仍普遍热情好客、知书讲礼，这或许与当年王阳明的善政不无关系。

在解决了匪患之后，除了大办教育，王阳明又在行政上设立了平和、崇义、和平三县，尽可能让政府的行政管理能够遍及整个赣南。以良好的制度、良好的管理为老百姓开太平。

王阳明还设立了"德行簿"，通俗地说，就是谁做一件好事加一分，做一件坏事减一分，加到多少分就会有相应地奖励，诸如免除多少赋税之类的，而扣到一定程度就会给予惩罚。

经过王阳明的努力，赣南的经济与文化都有了长足的进步，人民群众安居乐业，也就根除了产生土匪的土壤和社会环境。

赣南剿匪的这段经历与王阳明开创心学本无太大干系，却对王阳明非常之重要。正德十三年（1518年），由于王阳明巡抚赣南有功，明朝擢升其为都察院佥都御使。

就政治家王阳明而言，他又升官了；就军事家王阳明而言，他施展并提高了自己的军事指挥技艺；对哲学家王阳明而言，他又有了一个伟大的收获，正在一步步走向不朽。

自龙场悟道后，王阳明常在贵州、北京、南京等地讲学、交友、搞辩论，对心学的感悟在逐步提升。

知识就好比是一个圈，圈子里的是自己已掌握的知识，圈子外的是未知的知识，当一个人知道的越多，往往就会意识到自己未知的知识越广。王阳明虽然领悟了"心即是理"，但他的心中还是有个困惑。心学只是理论，是帮助他认知世界的工具，但当真正面对问题需要解决的时候，心学要怎样才能发挥作用呢？

一个答案在王阳明的心里越来越明晰起来，那就是四个字："知行合一"。

知是指主观的认识，行则是具体的实践，自古以来知与行的先后、难易都是哲学家们热爱讨论的问题。

有的人认为先知后行，即先要懂得了道理，才能去实践；有的人认为先行后知，即要先去实践了，才能从实践中懂得道理。有的人认为知难行易，觉得操作是简单的，知道原理是困难的；有的人认为知易行难，觉得懂得道理很容易，真正去实践才困难。

按照朱熹的观点，格物是容易的，人人皆可格物，但是致知就是困难的，非圣人不能得理，所以知难行易。

就在百家争鸣、众说纷纭之际，王阳明提出了他的新观点——知和行同样重要。

这句看上去没什么意义的话，却隐藏着一个质朴的观点，宏观的理想和微观的努力同样重要，我们既需要仰望天空，也需要脚踏实地。

领悟了"知行合一"的王阳明开始调整自己的生活态度，准备迎接他此生最艰难却又最辉煌的时刻。

山雨欲来

剿匪的事告一段落了，但是，王阳明心中的一个疑问却一直没有解开。

虽说土匪数量多，但毕竟是乌合之众。但是，江西地界上的土匪何以敢于公然成规模地和朝廷对着干？在对俘获的土匪的提审过程中，王阳明发现绝大多数匪首都提到了一个人对他们的支持，这个人的来头可大大的不得了。

他是一位皇亲国戚——宁王朱宸濠。

朱宸濠在前面已有所介绍。经过靖难之役叔侄间的火拼，赶走了建文帝成功加冕的明成祖朱棣为了巩固自己的皇位，避免自己或是自己的子孙后代也被藩王以靖难之名拿下，他继续了建文帝当年削藩的政策。

只不过，当年明成祖朱棣是政策的制裁对象，现在角色换位，别的藩王成了他的制裁对象。永乐元年朱棣革去了代王的三护卫与官署；永乐四年废齐王为庶人；永乐十年削辽王护卫；永乐十五年废谷王为庶人。总之，基本上把当时握有兵权的亲王全部收拾了一通。可是，朱棣削藩并没有削到自己亲儿子上，这又导致了后来其次子汉王朱高煦谋反，后被明宣宗朱瞻基所杀。

这样叔叔杀侄子、侄子杀叔叔的历史教训让朱瞻基痛下决心彻底废除了藩王的护卫，使各地藩王空有王爵之尊，而实际上成了囚禁在笼子里的金丝雀，要想造反简直就是难于上青天。

在明朝开国之际，太祖朱元璋封儿子朱权为宁王。第一代宁王朱权好不威风，号称"带甲八万，革车六千"，是非常有实力的藩王。靖难之役时，他同朱棣一同起兵，本以为会和朱棣共富贵，结果朱棣刚一登基，就将其改封江西南昌，再到宣德年间又被朱瞻基裁撤了护卫，等到第五代宁王朱宸濠上台时，原本权倾天下的猛虎已经变成了手无缚鸡之力的家猫。

然而力量的衰微、造反难度的巨大拦不住朱宸濠先生的野心。

这时，王阳明暗自思索着，为什么贵为王爷的宁王殿下要和土匪们打得火热呢？总不至于是国士无双、英雄相惜吧？世间人流熙熙皆为利往，藩王拉帮结伙勾结地方反政府武装，其目的叵测到让人简直难以置信。

问题变得严峻了，王阳明立即找到了他的上司，时任都察院右副都御史、江西巡抚孙燧。变天的大事情，王阳明自然不敢擅作主张。孙燧也是浙江余姚人，王阳明的老乡，也是王阳明在朝中难得的知己。

当王阳明一五一十把自己的想法告诉领导兼同乡孙燧，并且大胆地说出了自己的判断，宁王欲反时。孙燧只是淡淡一笑，然后说："贤弟今日方知。"

这下轮到王阳明傻眼了。

原来，江西巡抚在当时是一个非常倒霉的职务，就是因为江西有一个伤不起的宁王。

几年前，江西巡抚王哲光刚刚上任没多久，便莫名其妙地死于意外；继任的新巡抚董杰干了八个月，也不明不白地死了。再后来的两任巡抚都没敢干过两个月，都辞官回家了。江西有鬼，巡抚都是祭品，这是满朝文武人尽皆知的秘密。

孙燧在此担任巡抚已经四年了，这四年，是提心吊胆的四年。

刚到江西赴任之初，他受到了宁王的热烈欢迎。宁王天天送钱送物送美人，时常亲自驾临巡抚衙门嘘寒问暖。但是宁王的馈赠孙燧一件也没有收。他知道，吃人嘴软拿人手短，收了宁王的东西就得帮宁王办事。而宁王要做的这件事叫做谋反，现在收下了礼物，将来要用一生的名誉与全家的性命去偿还。

软的不行来硬的。孙燧开始感到，自己处于宁王爪牙严密的监事中，每天吃了多少碗饭、喝了多少杯酒、做了多少首诗，宁王全部了然于胸。

有一天宁王托人给孙燧送来一个包装华丽的檀木礼盒，孙燧打开，发现里面装着四样不显眼的小东西：红枣、梨子、生姜、芥末。旁人看了均表示不解，唯有孙燧一阵苦笑。因为这四样物件表达了一个意思，甚至于就是宁王的最后通牒。他想起了他不在人世的两位前任，他将做出和两位前辈同样的决定，"枣梨姜芥"就是早离疆界。

现在，独自抗争了四年的孙燧迎来了他的新战友，同乡王阳明。

尽管知道了宁王必反，可是根据明朝规定，地方行政官吏没有军队指挥权。剿匪事毕，王阳明的兵部旗牌已缴还回去，失去了本地区的军队调动和指挥权。仅靠剩余的民兵组织，和宁王的实力差距太悬殊。

那么将此事上奏朝廷呢？同样行不通。宁王朱宸濠本来贵为皇亲国戚，他处心积虑地在朝中经营了多年。而当朝皇帝明武宗朱厚照作为明代最能玩最能折腾的皇帝，自然不会管这些"小事"。总体上正直的内阁首辅杨廷和收了宁王的钱自然也会大事化小，而宠臣江彬更是向着宁王。如果上报此事，只能碰一鼻子灰。不但得不到应有的支援，还不知会惹来什么样的麻烦。

二人在仔细分析了形势以后，相顾无言。

要说这个宁王不好对付，主要也因为其并非泛泛之辈，心机之深，远不是当朝的正牌儿皇帝明武帝所能比拟的。

首先，宁王积极为自己的事业网罗人才。他以王府需要幕僚为名四处张榜招贤，而且开出了天价的工资待遇，也吸引了许许多多的人前来报名。只可惜数量虽多质量却不高，招来招去终于等来了三个特别的人物。

第一个叫李士实，曾担任工部侍郎，从二品副部级退休干部，闲来无事到王爷这里来赚赚外快；第二个叫刘养正，没考上进士的举人，自称饱读诗书精通兵法韬略，其实没什么真本事；第三个叫唐寅，我们更熟悉他的另一个名字，唐伯虎。由于唐伯虎当年会试时涉嫌作弊买通考官，被革了功名后加罚一个永世不为官，于是才华横溢的唐寅便来当了宁王的幕僚，要说伯虎也不傻，后来渐渐发现了宁王真实目的是造反，便装疯卖傻回了故乡，终于过上了平凡的生活，得以善终。

有了"人才"的辅佐，宁王便开始招兵买马，由于之前好不容易搞好串联的土匪们全被王阳明一锅端了，宁王不得不重新积累资本。

通过贿赂宠臣江彬与明武宗喜爱的一个戏子臧贤，在他们的活动之下，朝廷批准了宁王重新恢复护卫。有了招聘部队的名义，宁王便四处招兵买马，很快以各种名义拥有了八万军队。虽然单兵作战能力并不强，但是八万也是一个相当大的数字，当时，大明帝国最精锐的三大营也就十五万人左右。

谋士有了，人马有了，宁王又砸锅卖铁花了大价钱在江西周边收购兵器与生铁，很快就囤积了大量武器。在很短的时间里，宁王护卫队就成了一只颇具战斗力的部队。

为了麻痹朝廷，宁王继续大把大把的银子向朝中权贵行贿，千方百计地讨好明武宗，朝廷上下都有了宁王的关系，朝廷也就更加放松了对宁王的戒心。

宁王种种的手段瞒过了皇帝，瞒过了朝廷，却瞒不过与宁王近在咫尺的王阳明和孙燧。

为了防止宁王突然起兵，王阳明特意写信给老领导兵部尚书王琼，走后门托关系要来了那个代表临时最高指挥权的旗牌，在朝廷靠不住的情况下，它是这对难兄难弟唯一的指望。

拿到了旗牌的王阳明高兴地找到了孙燧。可是孙燧却高兴不起来，因为他们面对的是藩王，就算他们有了军事指挥权，也不可能先发制人，换句话说，旗牌只有在等到宁王确确实实已经谋反了之后，才能发挥作用。

这样以来，除了这个牌子，王阳明手里还是没有一枪一炮一兵一卒。

一天晚间，宁王宴请孙燧与王阳明参加夜宴。怀着不安的心情，二人来到了宁王府。酒过三巡，宁王突然命人拿来了一张大明帝国的疆域图，把酒端详着地图故作叹息道："江山如此多娇，奈何斜阳昏暗。"说完，脸上显现出忧愁的表情。

孙燧与王阳明闻言大惊。

宁王这句话的意思再明显不过：江山如此的壮丽，只可惜太阳是如此的昏暗，这是赤裸裸地影射当朝皇帝昏庸、日暮西山，虽然从某种意义上来说这句话说的倒也并非不是实情，但这并不是一个藩王应该发表的言论。

这时候造反集团副总指挥刘养正插话："难道天下就不能换一个更加明亮的太阳么？"

这句话就不仅仅是影射了，宁王放下酒杯，等待着孙王二人的回应。孙燧听了哈哈大笑，站起来说道："天下只能有一个太阳，君不见上古之时，天上曾有九个太阳，其中八个太阳都被后羿射杀，只留下了最后一个太阳，那个太阳便是受万民敬仰的唯一的太阳。"

宁王没想到孙燧的回答会如此干脆，居然讽刺他会像多余的太阳那样被后羿射杀，他继续逼问到："倘若现在天上真的出现了第二个太阳，后羿已经不在人世，还有谁可以对付那个冉冉升起的新太阳呢？"意思是说，如果他现在兴兵造反，没有人能够阻挡的了他。

一直一语不发的王阳明这时闻言起身，对着宁王深深地鞠了个躬说："伯安（王守仁号阳明字伯安）不才，愿为后羿。"意思是，虽然自己不才，可我依然愿意作当世之后羿，射杀那个为了自己私欲让天下生灵涂炭的第二个太阳。

宁王被二人这么一先一后毫不留情面地打击，本欲当即爆发，但是，毕竟孙燧与王阳明都是正牌儿的朝廷命官、大员，在这筹备谋反的紧要关头如果对二人下手，无异于摆明了说自己要造反了。

宁王硬忍住没有发作。这场鸿门宴就这么不欢而散。

带着一身冷汗回到了巡抚衙门的孙燧和王阳明二人面色凝重，相顾无言。沉默了很久，孙燧先开了口："守仁你先走吧。"

王阳明明白孙燧的意思。孙燧是想让他自己带着旗牌离开这里，等到宁王真正兴兵起事时，他再用手上的旗牌召集军队前来对付宁王，而这也就意味着孙燧自己将留在这里眼睁睁看着宁王谋反，并可能在第一时间为赴国难而捐躯。

"我们一起走吧。"王守仁哽咽了，这几乎是死别。他不愿意自己的同乡、自己的好友、自己的知己就此赴死。

孙燧淡然地说："从我四年前来，我就没指望活着回去。"

王阳明愕然，他顿时明白了，原来，这就是孙燧的本心。

王阳明沉吟了片刻，整理了一下朝服，十分郑重、恭敬地向孙燧叩首礼拜，然后，在一天夜里，带着几个随从悄悄潜离了南昌。

与此同时，谁也没有料到，压垮骆驼的最后一根稻草居然是一个小小的误会。

由于分赃不均和孝敬不到位，宠臣钱宁和江彬二人起了矛盾。由于江彬和宁王打得火热，为了打击江彬，钱宁公然上书弹劾宁王贪赃枉法，要求皇帝予以制裁。

内阁首辅杨廷和本着拿人钱财替人消灾的原则为宁王周旋。有人举报，不象征性查处和批评一下说不过去，但也不可能动真格去收拾自己的关系户。于是，宦海沉浮多年的杨廷和代表内阁拿出了最终的解决办法——由朝廷派人前往江西对宁王口头警告，要求宁王以后注意一下自己的生活作风问题。

其实，这也就是个象征性的处理，基本上意味大事化小、小事化了，是一个皆大欢喜的处理结果。可是，当皇帝要派使者来江西问责这一消息传到宁王耳朵里时，心虚加神经紧绷的宁王不免有些慌张。他赶紧招来了自己的造反副总指挥刘养正商量对策。

刘先生淡定地分析了事情的前因后果后指出，以宁王在朝中的关系和路子，是不可能发生此类问题的，况且出了问题还没有人前来通风报信，这说明皇上要对咱们下手了。事不宜迟，咱们必须立即起兵，不然就是死路一条！

于是乎，三朝元老内阁首辅、太子太师、华盖殿大学士、帝国精英杨廷和先生想出来的绝妙主意，被死活考不上公务员的刘先生作出了完全错误的解读。

宁王一身冷汗地听完了刘先生分析，然后正式下定了决心：反。

与宁王的殊死搏杀

正德十四年（1519年）年农历六月十四日，这一天是宁王朱宸濠的生日。除了在前一天悄悄离开的王阳明，巡抚衙门其他的官员都随同孙燧前往宁王府祝寿。

刚踏入宴会会场孙燧便感到气氛异样，因为会场四周站满了本不该出现的刀斧手。

大家忐忑地入座之后，宁王朱宸濠正式登场，脸上带着几分阴沉、几分焦灼，大步走到庭院中央，向在座的大小官员深深地行了个礼，礼毕之后从袖口里抽出一纸圣旨，朗声喊道："太后懿旨！正德皇帝荒淫无道难堪重任，今命宁王朱宸濠进京继承大统！"

在场的官员闻言无不哗然，一时都惊得回不过神来。等反应过来一众刀斧手早就冲上来站在了自己身后。孙燧心里捏了把汗，自知今日凶多吉少。

朱宸濠见自己慷慨激昂给大家暴了这样一个猛料，在场的人居然一点反应都没有（其实大家都傻了），顿觉尴尬，于是他换了一副忧伤和哭丧的表情大声喊道："都怪那昏君误国，以至天下不安、民不聊生。还请大家随我一道进京，遵从太后懿旨，废了昏君，辅佐本王荣登大位，到时大家都是靖难功臣！"

这时候刘副总指挥才反应过来，立马带头跪下："谨遵太后懿旨，唯宁王殿下马首是瞻！"这时候四周的刀斧手们开始齐声高呼："废正德！尊宁王！废正德！尊宁王！"

孙燧知道，这，可能就是自己的最后时刻了。

孙燧挺了挺身，阔步走到宁王跟前厉声问道："太后懿旨何在？"

朱宸濠不料居然有人敢这么问，一时语塞，支支吾吾地说到："太后懿旨怎可轻易示人？"

孙燧喝道："若无证据，你这便是当诛九族的谋逆！"

朱宸濠闻言恼羞成怒，再也按捺不住，噌的一下拔出佩剑当胸直刺孙燧。鲜血顿时喷薄而出。

在场的一众官员们看见惊变的这一幕，个个噤若寒蝉、抖若筛糠。就在这时，突然又有按察副使许逵站出来高呼："宁贼谋反，其罪当诛！"随即也被一拥而上的刀斧手当场杀掉。其他人吓得再也不敢作声。

孙燧与许逵二人以身殉国后，宁王立刻派兵占领了巡抚各衙门，南昌就此失陷，成为了宁王的大本营。

直到这时候，宁王才发现少了点什么。他发现，一个至关重要的人一直没有看到，而且活不见人死不见尸，这就是那个要当后羿的王阳明。他居然跑了。

"派一千精骑给我追王阳明，追到了格杀勿论！"宁王对手下喊道。

王阳明还没走远。

这时，偷偷跑出来的王阳明带着几个随从刚刚走到丰城，在这里他得知了骇人听闻的消息，宁王已经反了。

王阳明猜想，此时此刻他的好战友孙燧肯定已经以身殉国，他甚至来不及悲痛，因为他还有更重要的事要做。他的身上背负着孙燧全部的希望，背负着帝国全部的希望。

王阳明首先想到的是紧急上书给内阁，再一想，等到内阁看到文件再回信，黄花菜都凉了，宁王说不定都攻陷南京了，内阁是远水解不了近渴。那么直接上书皇帝呢？指望朱厚照这个糊涂蛋更不靠谱。

现在，王阳明的手里有一个可以调动军队的旗牌，但是他的身边就只有几个随从。这就叫无米之炊，怎么办？

王阳明带着随从下了自己的官船，改乘渔船，在水路里不停地绕圈子，甩开了身后的追杀部队。好歹个人性命是安全了，可是宁王已经反了，首府南昌已经沦陷，整个江西遍布宁王耳目，王阳明又该如何是好呢？这一夜是漫长的，王阳明彻夜未眠，瑟瑟的江风吹起阵阵寒意，他的境遇就好比这无边的夜晚，昏暗得看不见一丝光亮，时间一秒一秒地过去，王阳明终于到达了临江府。

船一靠岸，王阳明直奔知府衙门。一路上只见老百姓听说要打仗，正慌不择路地带着家小细软逃难，到处人声鼎沸、乱作一团。

眼前的这一幕幕，让王阳明心里久久不能平静。在他的心中，人性是一切的基础，这个世界上的每个人都是那么的重要，他无比痛恨宁王，他恨宁王为了自己的私欲杀害了孙燧，他恨宁王为了谋取高高在上的皇位却让无数的老百姓无家可归、颠沛流离。

王阳明一进知府衙门，正好撞见了收拾包裹准备出逃的临江知府戴德孺，看着上级领导王阳明突然出现，戴德孺顿觉不好意思，磕磕巴巴地说到："王……王大人……"只见整个府衙里乱哄哄的，因为知府大人要撤，公差们也准备各谋生路。

王阳明厉声喝到："我乃赣南巡抚王守仁！都站住不许走，留在这里随我平叛！"听到这一声义正言辞的断喝，刚才还惊慌失措的一众人等都停下了自己的脚步，你看看我，我看看你。

戴德孺见状赶紧表态："巡抚大人到此平叛，我等必将誓死报国。"说这话的时候戴德孺心里还是坦荡的，毕竟自己拿朝廷俸禄、读圣贤言教，怎么能弃官逃命呢。想想刚刚自己意欲逃走，戴德孺不禁有些羞愧。

戴德孺又问："不知巡抚大人带了多少兵前来？"在得知王大人是个光杆司令，刚刚只身一人逃出生天后，戴德孺刚被打足的气不禁又泄了一半，也顾不得领导的面子说："王大人，我们临江府目前就这些个衙役，恐怕……"

大家纷纷把目光射向王阳明，因为这是当下至关重要的一个问题。

"还有我在！我一直都会在！"王阳明说。

公堂之上又是一阵沉默。他们看到，那个刚刚才从死神手中逃出来的王巡抚脸上青筋暴起，眼球布满了血丝，胸膛充满了怒火。这便是勇气。

戴德孺当即下令，集结临江境内所有的官差与驻军，准备死守城池。

王阳明作为在场官职最高的人，这时自然而然成了前敌总指挥。他打断了正在下令的戴德孺，说道："传我号令，集结本府可用之兵马，放弃所有布防，准备全体撤退！"

此语一出，所有的人都开始暴汗。

大家心想："我说我要跑吧，你跑来要我拼命，我好不容易下定决心准备拼命了吧，你又叫我赶紧跑，这是要搞哪样？"

王阳明看众人疑虑，解释道："临江府城墙年久失修，难以据城坚守，况且我们的兵力和宁王相差悬殊，无异于以卵击石，不如保留有生力量，换一个可以据守的地方再做打算。"

集结完毕之后，少得可怜的平叛军队在王总指挥的率领下开始战略转移，迅速到达江西中部城市吉安。

吉安地处赣江中游，扼湖南、江西两省之咽喉，易守难攻，是历代兵家必争之地。

吉安知府伍文定听说赣南巡抚王阳明到来，立即相迎。伍文定出身官宦世家，是个铁腕人物。当宁王叛变的消息传来，吉安也乱作一团，为了稳定军心伍文定居然亲手斩杀了几个意欲逃走的官员，然后告诉大家宁王必定会被朝廷打败。在他的恐吓兼安抚下，吉安军民基本上秩序井然，不像其他临近州府一样乱作一团。

王阳明把前敌指挥部设在吉安后，立即下令要求江西各路州府迅速前来增援。时间不长，周边的州府头头们都赶来了吉安，并且带来了为数不多的军队，王阳明立即召开了紧急会议，商量作战策略。

知己知彼，百战不殆。前敌总指挥王阳明先给大家通报了敌我双方的情况。

根据之前在南昌对宁王的情报搜索，叛军总指挥宁王朱宸濠，副总指挥"右丞相"李士实，副总指挥"左丞相"刘养正，总参谋长"兵部尚书"王纶，共有部队八万人，土匪、强盗、打手、流氓、邪教徒、恐怖分子等共两万人，结论是人多势众、鱼龙混杂。

朝廷这边，周边各府赶来平叛的士兵加在一起现在也就五千人。不会算术的人也能看出来这实力差距太明显。

"要不咱先坚守，然后等待后续的援军到来？"戴知府提出了自己的看法。

伍知府表示赞同："戴大人所言极是，必须等援军到来才好行事"。

现在唯一的问题是，这区区五千人能撑到援军到来吗？

会场一片嘈杂，援军不知何时才能抵达，虽然吉安占有地理，可谁又敢打包票能守得住呢？

王阳明看了看地图说："如果在座诸位是宁王的幕僚，你们会劝宁王怎么行动呢？"这时候闪出一人，乃是赣州通判胡尧元，他说："我如果为宁王谋划，必定劝说宁王顺江南下，凭借兵力优势进攻南京。"

王阳明赞许地点了点头说出了自己的结论："宁王目前有上中下三策，上策是一路北上进攻北京，一旦得手后果将会非常严重；中策即是胡通判所说进攻南京，即便不能夺取天下也可凭长江天险与朝廷分庭抗礼，下策则是沿途攻城略地，扩大自己的势力范围。上策难于上青天，下册乃是土匪山贼的毫无远见之法，所以宁王必定采取中策顺流而下进攻南京。"

大家听了这个有理有据的分析都信服地点了点头。是的，如果宁王拿下了大明朝的第二首都南京，就算是一时不能取得大位，至少也可以与明朝的中央政权划江而治，形成南北对峙的格局。

王阳明继续说道："我们的援军可以在十天内增补到六万人，到那时便可与宁王一战，我们只需要耐心得等待十天便可。"

伍知府急切地站起身来："我们等是可以，但宁王不会傻到等十天才来进攻吉安吧？也许明日也许后日，宁王必定会率大军来此攻击我军。"

这确实是一个棘手的问题。王阳明微微一笑："有办法。"

不出半日，整个吉安街头都贴满了盖有兵部大印的红头文件，上面写着军令："都督许泰、邵永将边兵，都督刘晖、桂勇将京兵，各四万，水陆并进。南赣王守仁、湖广秦金、两广杨旦各率所部合十六万，直捣南昌，所至有司缺供者，以军法论。"

这个文件的意思很简单，就是朝廷已经调遣了十六万大军准备来收拾宁王。而且上面提到的这些人名全部属实，只不过，上面提到的事情全部子虚乌有。因为除了王阳明提前知道宁王谋反，有心理上的准备，其他人压根就不知道有这回事，更别提朝廷下令出兵了。王阳明的用意很简单——虚张声势，让宁王坚守南昌不敢出主动出击，好为自己争取到那十天的宝贵时间。

宁王朱宸濠正端坐在王府里，一脸严峻地看着那纸骇人听闻的文件。

他心里暗自想着，朝廷为什么这么快就做出了反应？这么快就集结了一大批军队？正在满腹疑云的时候，探子来报说有紧急情况。心烦意乱的朱宸濠挥了挥手，意思是报上来。

"宁王殿下，负责把手城门的军士在搜查进门的可疑人员时发现了这个蜡丸。"探子说完呈上一粒蜡丸。宁王剖开了蜡丸，只见里面藏着一封书信。打开书信一看，信里的内容把他吓得不轻。

信上是这么写的："李士实、刘养正二位先生，请务必劝说宁王即刻离开南昌进攻南京城，以便我军合围南昌，事成之后朝廷将赐二位尚书之职，望速速办妥此事为盼。"

看完信的宁王朱宸濠顿时又惊又怒。自己的两位"左右丞相"居然背叛自己和朝廷一伙！宁王怒不可遏，但是转念一想，自己也不能因为莫名其妙的一封信就怀疑他们吧。不行，要冷静、要淡定！

恰在此时，李先生和刘先生主动找上了门来："参见宁王殿下。"

宁王朱宸濠沉住气问："二位爱卿所来何事？"

李先生完全没有注意到今天宁王脸上异常的神色，一开口就亮了："朝廷派大军前来，南昌地小难以固守，我军应该立即离开南昌攻打南京，一旦打下南京，进可图天下，退可据长江天线固守。"

宁王闻言勃然大怒，猛地一拍茶几，把茶几上的杯子都震得摔在了地上。望着地上的陶瓷碎片，李、刘二人也楞了，不知道平时对自己言听计从的宁王今天是怎么了？又不敢再问，只得灰溜溜地下去。

宁王不知道的是，蜡丸里的封信也是王阳明的作品。王阳明事先写好这封信，又差人送进南昌城，并故意让宁王的人搜出来的，这大概就叫反间计。同时，王阳明料到两位还算有军事头脑的敌军副总指挥必会劝说宁王进军南京。结果，经过这一事件，宁王铁了心就待在南昌哪儿也不去了。李、刘二人的昏招宁王听了不少，好不容易有个好计策吧，宁王居然还没听。

有地方官员曾对王阳明的造假计谋不以为然，觉得这招早被用滥了，他们问王阳明："这有用吗？"

王阳明不答反问："先不说是否有用，只说朱宸濠会不会起疑心？"有官员不假思索地回答："肯定会疑。"王阳明笑道："只要他一起疑心，就行了。"

就在宁王蹲在南昌城里准备弓箭、滚石等守城器械，准备迎接朝廷前来征讨的"十六万大军"时，王阳明正驰召各地兵马，源源不断的增援开始赶到吉安。

官军不够用，王阳明又到处劝说百姓们从军，保家卫国。附近年轻力壮的男子基本都参加了平叛军队，短短十天赶来增援的正规军，再加上刚刚加入的民兵，王阳明手里一下子就汇聚了七万人之众。虽然战斗力不怎么样，好歹声势是有了。

随着兵马的增多，讨逆前敌总指挥部里的很多成员自信心开始爆棚，纷纷要求主动出击，直捣宁王老巢。

然而王阳明认认真真地在心里算了一笔账，目前就人数而言双方大致相当，但是自己的军队要么是没有见过大场面的地方官差，要么是昨天还在种田放牛今天就跑来扛着长矛当兵的农民，总的来说，是一群乌合之众。硬碰硬的话自己必然占不了便宜。况且宁王在南昌经营了很久，城池坚固、熟悉地形，如果贸然进攻，很可能久攻不下，这时不但会折损士气，稍有不慎还可以一败涂地，将江南拱手让与宁王。

这时吉安知府伍文定提出："现两军相持不下，谁进攻谁劣势谁防守谁占优，我军应当继续据守吉安，等到宁王的主力倾巢而出，我们便找机会下手，一举破敌。"

王阳明闻言赞许地点了点头。

正德十四年（1419 年）七月。在南昌龟缩了十多天，提心掉胆了十多天的宁王终于发现了事情不对劲——这么久过去了，那传说中的十六万大军一个人影都没见着。他一把鼻涕一把泪地去给冷落了多日的左膀右臂道歉，表示以后他们无论说什么都无条件听从。

虽然上了当，宁王也发现王阳明无非就是拖延了十几天的时间，并没有主动发起进攻，三人一合计，得出了一个结论：王阳明的兵力仅够自保，并不具备主动出击的实力，于是决定执行既定方针：直取南京。

七月中旬，宁王留下宜春王朱拱青率领一万叛军守卫南昌，自己亲领六万大军浩浩荡荡南下。

由于宁王谋反十多天以来并没有采取大规模的军事行动，除了前敌总指挥部所在的吉安府，其他府县的少量守军都有些懈怠。宁王仅仅花了一天时间便攻下了九江。九江守军不但一触即溃，溃败之余又冲散了后方南康的守卫部队，结果，宁王一路势如破竹，很快就逼近了军事重镇安庆。

安庆位于安徽省西南长江下游北岸，是南京在长江上游的门户，一旦安庆失守，宁王便可一路畅通无阻沿长江南下到达南京。

　　一路连胜、士气高涨的叛军将安庆牢牢地包围，发动了如潮水般的攻势。此时镇守安庆的是安庆知府张文锦和都指挥杨锐，这两人虽然在打仗方面没什么特长，不过国难当头倒挺拼命的，动员了全城老百姓鼓足了劲守城。安庆本是军事重镇，防御设施齐备，城墙又高又厚，强行攻城多次后，叛军毫无进展，尸体堆了小半道城墙那么高，就是爬不上去。眼前的挫折和前几天的顺风顺水形成了鲜明地对比，宁王的心里乱成了一锅粥。

　　宁王的心里乱成了一锅粥，王阳明的心却开始明朗起来。针对安庆被包围的情况，他召开了紧急会议，讨论现在应该怎么办。

　　"安庆乃是南京的门户，万万不可丢失，安庆的张知府已经坚守了多日，再撑下去必定会城破，我们应当立即出兵安庆，增援张知府。"伍文定站起来发表看法，这个看法基本上代表了广大参会人员的心声。

　　"我军主力之所以据守吉安是为了找机会与叛军主力决战，如今据可靠情报，叛军主力全在安庆，我们正应该抓住机遇救援安庆，大事可定。"戴德孺又站出来做了补充说明。大家都看着王阳明，等待着王总指挥点头。

　　王阳明挥手示意戴德孺："戴知府有一句话说到了点子上，叛军主力聚集在安庆，南昌在安庆的上游，如果我们强行越过南昌直接救援安庆，很容易被南昌的叛军包抄后路，如果丧失了后方辎重又被断了补给我军必定陷入困境，此时如果宁王主力掉过头来迎击我们，那就太被动了。"

　　王阳明的分析很有道理，一时间，大家的眉头又皱了起来。如何是好呢？王阳明继续说着他的办法："宁王的主力全在安庆，这也就意味着他的老巢南昌必定后方空虚！"众人恍然大悟，这不就正好来个围魏救赵么？

"倘若我们全力进攻南昌，利用兵力优势必定可以在短时间内攻破南昌，一旦南昌陷入我手，宁王必定在慌乱之下回救南昌，这时我们就可以乘着叛军首尾难顾之时与叛军正面决战，而安庆则可在敌后方策应，成夹击之势，这样一来宁王必败！"

大伙儿纷纷赞同王阳明的计划。于是，王阳明率领大军急行军，第二天便到达了南昌城外不远的丰城。

来到丰城的王阳明心里感慨万千。就在一个月前，他舍弃了自己的挚友孙燧独自逃离南昌，途经这里，一个月之后他率领着正义之师又重回此地。

王阳明的军队在此稍作整顿后，由伍文定担任前锋，率领一万两千官兵准备从正面进攻南昌城，自己亲率三万军马为后营随时增援，奉新知县刘守绪率兵一万先行清剿南昌城郊的叛军，其他部队守住路口拦截敌军的增援部队。

七月十九日半夜，骁勇善战的伍文定已率领军队到达了广润门。守卫广润门的叛军完全懵了，根本没料到官军会出现在面前，被打了个措手不及，全线败退。至第二天黎明，官军正式开始了攻城战。由于城外的叛军已经被清剿，叛军只得依仗城墙顽抗。

为了加大攻城效率，王阳明继续使用心理战手段，派人往城里散播传单，说前来进攻南昌的乃是从两广调来的精锐部队共计三十万人马，搞得守城的一万叛军人心惶惶。在三天的佯攻与心理战后，第四天的半夜王阳明终于动手了，他正式下令："全力攻城，有死无生，首登城门者赏千金，畏惧不前者斩立决！"

官军在云梯等大量攻城机械的支持下奋力向前，叛军在象征性地抵抗后纷纷溃败，大部分人投降，少数人四散逃命去了，南昌正式收复。

在收复南昌后，宁王库存的武器装备全部归了王阳明军，官军的战力得到了巨大提升。进城后的官兵烧杀抢掠一通，在王阳明砍了十几个犯军令的官兵后，城里的局面很快稳定下来。

于是，局势终于发生了质的改观。

此时的宁王还在安庆城下，正焦头烂额地指挥部队攻城。当闻知官军正在进攻南昌，宁王以为，南昌城池坚不可摧，完全可以坚守不出。不久快马又报，南昌已落入官军之手。宁王一听，当时就昏了过去。倾尽全力进攻安庆的宁王顿时面临着进退两难的境地，既无法短时间内攻克安庆，又失去了大本营南昌，可谓苦不堪言。

清醒过来的宁王气急败坏地下令："全军撤退，火速回防南昌！"

李士实一听也顾不上礼节连忙拽住了宁王："现在回去根本就来不及了！"

刘养正补充到："假使南昌尚未失守我们回救还有胜算，如今南昌已经落入朝廷手里，我们久攻安庆不下，将士已疲惫不堪，此时回援，朝廷方面是以逸待劳，我等危矣！"

宁王闻言长叹，此时距他起兵才短短十多日，从一开始的顺风顺水，到此刻的进退两难，形势的陡转简直令他有恍然如梦之感。造反是没有退路的，成则王侯，败者祸及九族。经过一番商讨刘养正提出了他办法："当今之计，只有拼死攻下安庆，顺流而下直取南京。"

应该说这是一个相当正确的策略，如此以来，王阳明再能干，鉴于宁王强大的兵力，也未必敢主动出击。这样，南昌虽然失守，只要能够拿下第二帝都南京，南面称孤的梦想还是有可能实现的。

只听宁王咬牙切齿地说："王守仁，必杀汝！"

自打起兵，就处处被王阳明算计。碰上了王阳明，宁王这反造得实在太窝囊了。

宁王怎么也想不明白，王阳明只是一个小小的赣南巡抚，一个差一点就死在自己手里的文弱书生，他为什么就能迸发出如此巨大的能量，给自己制造了那么大的麻烦，"不杀此人，誓不为人！"

这时，被不甘和恼怒冲昏了头脑的宁王已听不进去任何道理，一意孤行率领大军从安庆撤退，奔袭南昌，准备和王阳明决一死战。

正德十四年（1519 年）七月二十二日，王阳明所率官军主力在鄱阳湖集结完毕，准备阻击叛军。与此同时宁王的主力部队也赶到了鄱阳湖，双方剑拔弩张，形成了紧张的对峙。

交战的双方这时在心理上都承受着巨大的压力，双方的军力这时相近，都在八万人左右，宁王这边是兵匪掺杂，而王阳明的部队是兵民混杂，谁也不敢说自己有百分之百的胜算。

不过，对于王阳明而言，从只身一人逃出魔穴，到如今的势均力敌，实在已是难能可贵，既然狭路相逢，看来，唯有勇者与智者才能取得最后的胜利。

七月二十四日深夜，吉安知府伍文定主动请缨担任先锋，率领三千精锐骑兵悄悄出营夜袭宁王。行军到中途，却突然碰见了大规模的叛军。原来，宁王乘着夜黑风高前来偷袭王阳明的军队。双方短兵相接厮杀在了一起。

交手时间不长，伍文定发现自己的兵力远远少于宁王的叛军，急令撤退，保存有生力量。

宁王见官军开始撤退非常兴奋，当即命令前军火速推进，三万人马沿着鄱阳湖西岸直奔官军营寨。由于叛军中多土匪，而土匪擅长夜战，打得官军节节败退。杀红了眼的宁王不顾一切地往前冲，突然听得身后传来一片喊杀之声，无数的火把将夜空照得如白天一般。

原来，这正是王阳明设下的埋伏。他故意派伍文定率小股部队诱敌，吸引宁王出营追击，进入自己的埋伏圈。

一见宁王上了套，瑞州通判胡尧元率领三千伏兵从道路两旁杀出，正在全力进攻的叛军顿时阵脚大乱。一直在前面逃跑的伍文定见伏兵已出，立即指挥手下调转头迎击叛军。

宁王见状无奈，下令拼死突围。三万叛军横冲直撞，好不容易打开了缺口，又遇见了刚刚赶到的临江知府戴德孺和袁州知府徐琏所率两万大军，叛军首次出击便一败涂地。双方一直杀到天亮，等宁王气喘吁吁、狼狈不堪地撤回到了中军帐，清点兵马时才发现，一夜竟损失了五千余人马。要照这个速度下去，自己八万人也就只能撑个十五六天了。

宁王想通了，王阳明高超的兵法着实令人望尘莫及，想来想去，他决定砸锅卖铁，把自己积攒多年的金银财宝全部拿了出来，传令下去，斩一个官兵人头赏五十两白银，叛军闻言士气陡涨。

同时，宁王还不顾一切地下令调来了九江、南康的守卫部队。南昌失守后，这两座城池事实是他控制下的仅有的两城。但为了跟王阳明的这一场生死决战，宁王把赌注全押上了，把能凑得到的所有部队都调到了鄱阳湖。

"王守仁，不是你死就是我亡！"宁王心里喊道。宁王的援军迅速赶到，叛军部队达到了十万。

虽然取得了伏击的胜利消灭了五千叛军，但是现在的叛军人数上占有优势，而且士气异常旺盛。

王阳明禁不住皱起了眉头。好不容易等来的优势，转眼又化作了泡影。他决定坚守不出。

王阳明这边挂起了免战牌，宁王那边却杀气腾腾，叛军如潮水般涌了过来。伍文定先率兵迎敌，两军一接触伍文定便发觉情况不对，此时的敌军个个如饿虎一般凶猛异常，完全是不要命的架势。看来，五十两银子的作用还是很大的。很快的，官军的前军开始不敌，渐渐向后溃退，这次可是如假包换的溃退。

王阳明本来坐镇中军，眼看是前军败退，已经开始冲击到中军，阵脚快要押不住了。心急万分的王阳明大喊："伍文定何在！"

伍文定听到王阳明召唤，加上自己也眼见前方抵挡不住。情急之下，他退后几步，用剑在地上划了一道线："我将士凡退过此线者，立斩！"

有几个不懂伍知府脾气的新兵心抱着"生命诚可贵"的想法，径直往回跑。伍文定抢上前去连砍几人，把大伙儿一下全都震住了。毕竟，死在叛军的手上算是为国捐躯，还能评个烈士，要是死在伍文定手上，那是既丢命又丢脸了。本来开始溃逃的士兵们这时又纷纷调头找叛军拼命，王阳明军渐渐挽回了颓势。

正在双方打得如火如荼时，突然传来了巨大的响声，紧接着，战场中燃起了熊熊烈火。只见无数的炮弹从天而降落在官军阵中，一时间，官军伤亡惨重。

原来，宁王见陆地战打得胶着，命令湖中的舰船对着官军开炮，火炮不仅杀伤力大，心理震慑力也相当强大。正当官兵们慌作一团，准备束手成为炮灰之际，只见一发炮弹恰好在伍文定身边爆炸，引燃了伍文定的胡子，伍知府却巍然持剑，如山般屹立，好像没事一样从容指挥战斗。主将的英勇大大激励一众将士们，大家冒着叛军的炮火杀回敌阵，终于把叛军逼了回去。

此役双方都付出了数千人阵亡的代价，叛军靠着装备优势和海陆立体化的进攻取得了重大的战果，而官军这边则靠着伍文定的精神力量顶住了局面，虽然伤亡惨重，却也把宁王的部队赶到了湖里。

回到营帐的宁王心情不错。他头一次在跟王阳明的对弈中占得了先机，仿佛看到了胜利的曙光，当即兑现自己的承诺，重赏部下。天色渐渐暗淡了下来，他把所有的战船都汇聚到了一起，鄱阳湖上旌旗蔽天、阵容雄壮。

此时的王阳明正站在对岸眺望着宁王的军阵，只见一片灯火通明、营帐整齐，心里非常的惆怅郁闷。

自宁王朱宸濠反叛作乱以来，他一直都是一个人在战斗、一个人在拼搏，朝廷给不了帮助，地方没有精锐的士卒与装备，他已经竭尽了全力。现在，好不容易看到了胜利的希望，转眼间却又变得那么渺茫。

"到底要怎样才能战胜宁王，到底要怎样上天才能理解我的本心，到底怎样做才能解天下苍生之苦？算了，尽人事以听天命吧，我竭尽全力，倘若苍天有眼，必定会助我"，王阳明想。

确实，黎明前往往是最黑暗的时候。王阳明这时还不知道，历史再次重演，反转即将到来。

上天是公平的，历史是相似的。由于宁王朱宸濠放弃了所有陆地上的城池，鄱阳湖岸上的陆地基本都被王阳明控制，为了让自己的部队有一个平稳的立足之地，宁王朱宸濠非常"英明"地采纳了刘养正的"高见"，用铁索把船只首尾连在一起，结成方阵，准备以此阵御敌，这样以来，鄱阳湖上虽水浪滔天，宁王的部队却既可以不受湖水波浪的影响，又可以高效从容地使士兵在船上进行调动转移。

是夜，宁王正在讨论接下来的作战方针。

刘养正认为应该先拿下一个较大的码头，在陆路重新开辟根据地，然后在按照上一次的海陆立体战法干掉王阳明的部队；李士实则认为可以利用水战的优势直接炮轰王阳明大寨，全军强行登陆一举干掉王阳明，虽然方法不同，但是结论都是一致的，干掉王阳明。二人争执不停，都认为只有自己的策略才是最优方案。

正当宁王的两位副总指挥看着地图争得面红耳赤的时候，忽有人大呼火起，俄而百千人呼，不一会儿，叛军的船队便陷入了一片火海。

原来当晚王阳明借着风势，用几十艘小船满载着火药硝石偷偷接近叛军军阵，点火之后迅速冲向敌船，木质的船只立即起火燃烧起来，借着风势，大火竟一发不可收拾，不一会火势蔓延到了整个船队，冲天的火光把鄱阳湖的天空照得通红，波光粼粼的湖面上燃起熊熊大火，在火焰中的叛军要么被活活烧死要么跳湖求生。

王阳明的大部队浩浩荡荡地开赴战场收拾残局，宁王朱宸濠、"丞相"李士实、"元帅"刘养正、宁王的儿子朱仪宾以及降贼的按察使杨璋等被俘，而宁王的女眷如娄妃以下尽皆投水而死。于此同时九江、南康两座已被叛军放弃的城池也被收复。

说起宁王的嫡配妻子娄妃，还有一段故事。娄妃原名娄素珍，江西上饶人，是明代大儒著名理学家娄谅的女儿。娄谅字克贞，号一斋，明景泰年间举人，官至成都训导。王阳明少时曾拜他为师。

这位娄妃色美而工词章，性贤明，晓大义。宁王朱宸濠欲反，娄妃多次泣谏劝阻，曾写《题樵人图》诗一首："妇语夫兮夫转听，采樵须知担头轻。昨宵再过苍苔滑，莫向苍苔险处行！"后宁王反叛，被王阳明平定，朱宸濠被擒，曾于槛车中泣曰："昔纣用妇人言亡天下，我以不用妇人言亡其国，今悔恨何及！"朱宸濠事败，后在狱中，"每饭必别具馔祀之，言及，辄叹曰：负此贤妇也！"

娄妃在战事中投江自尽。临死前，她将无限的悲哀留在自己用血泪写成的《西江绝笔》之中："画虎屠龙叹旧图，血书才了凤眼枯。迄今十丈鄱湖水，流尽当年泪点无。"据说投江后，她的尸体并未顺流而下，而是缓缓倒流至南昌。而王阳明为了表彰娄妃的义烈和贤德，在南昌城边、赣江南岸修筑了一座娄妃墓，这是后话。

话题转回来。至此，声势浩大却只历时一个半月的叛乱实际上被平定了。王阳明创造了奇迹。

昔日高高在上的皇亲国戚宁王，此时已然成了王阳明的阶下囚，被五花大绑地押到了王阳明跟前。王阳明身边的手下都怒目而视宁王，只见王阳明却缓缓走下台去，深深地向宁王鞠了个躬。

王阳明说，"宁王殿下，都察院佥都御史、赣南巡抚王守仁终于实现了对您的承诺。"

这个承诺，就是当初王阳明在宁王府时对宁王所说的，愿效后羿，射下第二日之诺。

和权奸的争斗

正德十四年（1519 年），王阳明仅用二十二天时间破了准备八年之久的宁王宸濠的叛乱，并且生擒宸濠。这本是功德无量的大事，王阳明不但没有品尝到胜利的喜悦，封官进爵，反而差点儿招来杀身之祸。

就在一个半月前，手无寸铁的王阳明只身扛起了平叛的大旗，没有朝廷的圣旨没有朝廷的兵马没有朝廷的后援，王阳明一个人从无到有，空手套白狼，为大明帝国立下了奇功。

也就在这同时，报告宁王谋反的奏章"姗姗来迟"地抵达了朝廷。

宁王在南昌经营十余年，势大根深，朝中闻报不禁一片惊慌。这时，兵部尚书王琼站出来说道："大家勿慌，我当年派王守仁为赣南巡抚就是为了应对不测，有他在，赣南的反贼成不了气候。"

王琼的处变不惊固然让大家佩服，但大臣们不相信，一个小小的王守仁，手无一兵卒，怎么能抵得住宁王？正在大家乱作一团商量对策的时候，许久不上朝的皇帝兼大娱乐家朱厚照先生居然来上班了，他满脸笑容地问道："大家都听说了么？宁王反了，这是真的么？"

内阁首辅杨廷和闻言满脸冷汗回道："启禀圣上，情况属实，臣等一定全力讨贼，望陛下勿忧。"勿忧？杨大人你想多了，你太不了解当今圣上了。朱厚照一听"情况属实"，喜出望外，用小学生作文中常见的词叫做"高兴得一蹦三尺高"，他立即表示，一个小小的朱宸濠居然敢谋反？御驾亲征！

以内阁首辅杨廷和为首的文官一听，吓得大惊失色，立马纷纷劝阻，什么臣下办事不利不劳陛下费心云云，因为朱宸濠谋反虽然是个麻烦事，但是倘若御驾亲征有个什么闪失，搞不好再像前辈一样上演一次土木堡续集，那麻烦就更大了。

然而在宠臣江彬的煽惑下，继承了前辈恶搞精神的朱厚照谁的话也听不进去，下令调动京师周边的精锐部队，并自个儿"加封"为"威武大将军"，准备于正德十四年（1519 年）八月率大军亲征。

就在京城忙里忙外地伺候皇上亲征时，又一封加急快报送到。打开一开，原来是王阳明的又一封上书，内容是朱宸濠已然被俘，叛变已被平息，什么事都没有了，不用调兵了，大家该干嘛干嘛吧。

按照常规，这封捷报一来，接下来的剧情就是王阳明加官进爵，大家皆大欢喜。

朱厚照既然不是一个常规的皇帝，自然就不会演出常规的剧情。

正当朱厚照怏怏然感到一件乐事就此被打消时，宠臣江彬献上妙计："臣恳请皇上下旨，让王守仁将朱宸濠放回鄱阳湖，陛下亲自出马，必能亲手擒获乱臣贼子。"朱厚照一听"茅塞顿开"，心动不已，打定主意要尝一尝"亲手擒贼"的滋味。

他完全不理会王阳明的奏折，"假装"朱宸濠还在叛乱，而朝廷与宁王间的战事正打得如火如荼，带着司礼监太监张永、御马监太监张忠、安边伯许泰、都督刘晖等，率领大部队浩浩荡荡开始向江西开进。

听到这消息的王阳明心忧万分。当初为了稳住宁王朱宸濠，自己瞎编了一纸兵部文书，现在，这个瞎编的文书上提到的那些前来平叛的将官居然还真要来了。

客观来说皇帝朱厚照并没有什么恶意，他只不过想借着御驾亲征的名义出门兜兜风、过过打仗的瘾。不过王阳明考虑得很深远：江西刚刚经历完战乱，老百姓正悲饥号寒、苦不堪言，正应恢复生产生活；如果皇帝率大军前来"讨贼"，势必要沿线提供车马钱粮，无异于又是一番重大的扰民，让刚刚饱尝了战乱之苦的江西民众雪上加霜。

王阳明愁得想了一整夜，最后决定：抗旨不遵。他连夜押解朱宸濠前往南京。目的只有一个，无论如何不能让那一大队御驾亲征的观光团进入江西。

朱宸濠这时变成了一个抢手货。御马监太监张忠、安边伯许泰都私下给王阳明下令，要王阳明把朱宸濠交给他们俩。因为他在谁手里、谁把他交给皇上，就意味着平叛的首功在谁身上。王阳明亦不理会，径直押着宁王朱宸濠前往南京。

就在押宁王朱宸濠去南京、路经杭州时，王阳明碰到了刚刚抵达杭州的御驾亲征观光团前锋——司礼监太监张永。

在我们的脑海里，太监通常都不是什么好人，这实在是个误会。太监和大臣一样，也有善恶忠奸之分。这位太监张永可以归入好的一类。当初正是他向皇帝举报刘瑾谋反，也才有了王阳明的今天。

王阳明觉得自己要赌一把，他相信他可以感动张永，他相信张永是一个有良知的人。

正德十四年（1519年）九月底，刚刚押解朱宸濠到达杭州的王阳明即刻拜望张永。张永则客客气气地招待王阳明喝茶。

王阳明诚恳地说："江西百姓多年土匪横行，且饱受朱宸濠压榨，如今又刚刚经过战乱。若皇上执意前往江西，沿途的供给必定会让老百姓苦不堪言，到时候如再激起民变，天下必乱！张公公深受圣上的信任，如能向圣上阐明缘由，说服圣上班师回朝，实乃天下之幸。"

张永闻言叹了口气："王大人所言句句在理，只是圣上的脾气你又不是不知，就算我担着风险劝驾，恐怕也没有什么结果。"

王阳明顾不得许多，扑通跪了下来："但求张公公为黎民百姓一试，我愿将朱宸濠交给公公处置，但求圣上不必驾临江西。"

听了王阳明的话张永一愣，不禁被王阳明的真诚深深地感动了。眼前的这个王阳明不但只身犯险、历尽艰辛立下了盖世奇功，还愿意为了老百姓把这份功劳拱手让与自己，他连忙上前扶起王阳明，说道："我此行绝非是为了抢功而来。王大人有此心意，我必不负所托。"

王阳明把朱宸濠交给了张永，为免多生变故，自己随即返回南昌。

刚回到南昌，王阳明才知道这里又出了新情况。

原来，御马监太监张忠和安边伯许泰两人愤恨王阳明不和自己打招呼、不把朱宸濠交给自己，亲率观光团的先头部队星夜赶到南昌，准备给王阳明的颜色看看。

一到南昌张忠便下令把平叛先锋——知府伍文定抓起来，并四处审问宁王朱宸濠的党羽，想要挖出王阳明和叛军有不正当来往的证据和线索。伍文定据理力争、打死不认，还称，王阳明和自己都是平叛功臣，谁企图冤枉他们，那就是想要给乱党们报仇。张忠一听这话顿觉压力山大，只好把伍文定放了。

明的不行张忠决定玩黑的。他唆使自己手下的京军在南昌街头四处游荡滋事，指名道姓破口大骂王阳明，骂的理由五花八门，无非是为了挑起事端。自从王阳明回了南昌，京军更是天天围在巡抚衙门前没日没夜地漫骂。

王阳明大概也猜出了几分缘由，严令手下骂不还口。不仅如此，京军想要改善伙食，王阳明就拨自己的钱予以满足；京军士卒有生病的一律好生救治；路上遇见了负伤的京军士卒，王阳明就停下来好言宽慰半天。这样一来二去，京军士卒们得到了一个结论，王阳明是个好人，是一个以德报怨的正人君子。于是，那些张忠叫去骂街的人积极性逐步下降，街头挑衅滋事的人也越来越少，再到后来南昌城就太平了，王阳明用他的胸怀感化了京军，士卒们虽然没读过什么书，但也是讲道理、懂感情的。

又一计不成，张忠仍不甘心。有一天他找到王阳明，问了王阳明一个棘手的问题："朱宸濠在南昌经营了十多年，他的家产应该相当丰厚吧？"王阳明听了点点头表示赞同。张忠话锋一转，逼视着王阳明问道："既然你也认为朱宸濠家大业大，为什么查抄其家产的时候只抄没了那么少的财产，他的钱都到哪儿去了呢？该不会是巡抚大人暗中私吞了吧！"

这话问得相当狠毒，稍有不慎，王阳明就是跳进黄河也洗不清了。

王阳明闻言假装思索了一番，然后一副恍然大悟的表情，说道："公公是这样的，在查抄朱宸濠府的时候我们搜出来一本账簿，根据上面的记载有很大一笔钱都被他送到京城了，谁家收了多少钱账簿上白字黑字的都写着呢，公公要不要看看？"

张忠以前也是收过宁王的好处的。一听这话吓出了一身冷汗，赶紧借故溜走了。

正德十四年（1519 年）十一月的一天，张忠突然邀请王阳明前往京军驻扎的营地阅兵。出于礼节，王阳明去了。到了校场才发现士卒们正在比赛射箭，王阳明正准备坐下来观看，张忠拉住王阳明说："王大人要不也来几箭给官兵们做个表率？"

张忠觉得文人加瘦子的王阳明肯定是有软肋的，这个软肋就是武艺。在他看来，杀王阳明的威风、让王阳明认输难堪的机会终于来了。

王阳明没料到张忠来这一招，推辞道："我射箭水平不高，还是算了吧。"

算了？怎么能算了！张忠硬拉住王阳明，不来两发不准走。旁边的官兵人等也一并起哄，王阳明只好勉强答应。

整个校场安静了下来，周围的京军官兵们眼睛都盯着看上去弱不禁风的王阳明。王阳明缓缓举起了弓，瞄准、拉弦、放弦，一连三箭，全中靶心。

京军们的嬉笑声变成了沉默，继而，爆发出了雷鸣般的掌声和欢呼声，一众官兵把无比仰慕的目光投向这位王巡抚王阳明，完全置他们的长官张忠于不顾。

冬天到了，京军久在异乡，无不思归，张忠再也找不到在南昌待下去的理由，悻悻带军班师。

班师面见了大 BOSS 明武宗朱厚照后，张忠还不死心，唆使给事中祝续、御史章纶等上书弹劾王阳明，理由是王阳明图谋不轨，在朝廷完全不知情的情况下擅自对朱宸濠采取了行动，目无朝廷、动机大大的不纯。

应该说这样的控诉完全是站不住脚的，稍有常识的人都会觉得牵强附会。果断平叛显然是功，而且是大功，怎么可能是图谋不轨呢？可是架不住这二人早晚在耳边吹风，说得明武宗朱厚照半信半疑起来。幸好，前文提到的好太监张永这时在一旁为王阳明说好话、打圆场，结果朱厚照也没有太在意。

这时，张忠来到了朱厚照面前："陛下，臣敢跟您打一个赌。"

一听到"打赌"之类的词汇，富于娱乐精神的朱厚照立马来了兴趣，当即问："爱卿打算赌什么事呢？"

张忠狡黠的一笑："我赌王守仁图谋不轨，陛下如若不信，现在立即召他前来面圣，他肯定心虚不敢来。"

原来，许泰和张忠曾数次矫诏，哄骗王阳明说皇帝要召见他。所幸的是有张永报信，所以王阳明从不曾上当，总是借故不来。现在张忠要让皇上自己真召见一次王阳明，而王阳明肯定会根据以往的经验，认为这一次又是许、张二人矫诏，必定会不来；只要王阳明一不来，图谋不轨这四个字就坐实了。这招可够毒的。

果然，王阳明接到召见他面圣的谕令后真的生起了疑心，打算像前几次一样蒙混过去。就在这紧要关头，张永差亲信连夜通知王阳明，这次上头是玩真的。王阳明一听，立即赶去面圣，希望能够当面和皇帝解释清楚。

许泰和张忠见王阳明识破了计谋，非常沮丧，遂劝说皇帝让王阳明重新返回南昌，不用再来面圣。

王阳明哭笑不得，他先是言辞恳切地写了一封奏疏，由张永转承给皇帝，从情理两方面劝解皇帝不要再来江西；同时，为了满足皇上的"心愿"，重新向内阁发了一份捷报，内容是江西官员们在

"威武大将军"（也就是朱厚照皇帝本人）的英明领导下，成功平定了叛乱，而"威武大将军"乃是平叛的首要功臣。

然后，王阳明索性摘下官帽、披上道服，跑到了九华山上客串起了道士。

朱厚照一看王阳明呈上的奏折，那是相当的满意，对旁边的人说："王守仁都跑去当道士了，怎么会有不测之心？而且诏书一到立马准备来觐见，怎么会图谋不轨呢？"于是，乐呵呵地嘉奖了王阳明，然后乐呵呵地回了北京城。

后来，宁王朱宸濠被押往北京。朱厚照还真的把他"放"了出来，然后带着大军"亲自"抓住了朱宸濠，至此，平定宁王叛乱之役在明武宗朱厚照这里总算是"圆满"落幕。

经过这一番折腾，王阳明终于可以把心思放在处理善后事宜上了。

刚经历了大乱，江西又遇上了百年不遇的洪灾，王阳明想尽办法，把查抄朱宸濠的财产变卖成银两，为当地缴纳国税，并号召江西各府免收税赋，与民众一起同渡难关，以吉安知府伍文定、临江知府戴德孺为首的地方官纷纷响应王阳明的号召。

坦荡的心途与坎坷的仕途

而就在御驾亲征观光团回到北京不久，大明帝国的优秀皇帝、久经考验的帝国主义战士、娱乐界天王级巨星，承天达道英肃睿哲昭德显功弘文思孝毅皇帝明武宗朱厚照，终于结束了他吃喝玩乐的一生，驾崩了。

嘉靖元年（1522年）明世宗朱厚熜登基。在听闻了王阳明近乎于神话般的丰功伟绩，明世宗不禁万般神往，要把王阳明调回中央任职。

可惜的是，欣赏王阳明的明世宗朱厚熜此时还是个十五岁的小朋友，而执掌朝政、操持朝廷实际运作的是内阁首辅杨廷和。

就在前任大 BOSS 明武宗四处玩的时候，正是杨廷和同志在苦心经营和支撑着整个帝国的日常运转，可谓劳苦功高。又由于杨首辅和一直支持王阳明的兵部尚书王琼关系不睦，于是，杨廷和便以老皇上刚刚驾崩不宜大加封赏为由，进王阳明光禄大夫、柱国、新建伯，擢升南京兵部尚书。表面上，王阳明成了伯爵，成了正二品正部级高级领导干部，事实上，却是被杨廷和调离了政治中心，相当于是光荣退居二线、提前准备养老了。

说起首辅杨廷和，还另有一段故事。

"滚滚长江东逝水，浪花淘尽英雄，是非成败转头空，青山依旧在，几度夕阳红。白发渔樵江渚上，惯看秋月春风，一壶浊酒喜相逢，古今多少事，都付笑谈中。"这首著名的《临江仙》几乎是家喻户晓，它的作者——明代著名的文学家杨慎，四川新都人。他的父亲就是朝廷内阁的首辅杨廷和。正德六年，杨慎中状元，人送外号"无书不读"，由此可见他博学到了何等程度。

在明武宗朱厚照驾崩的同时，首辅杨廷和根据《皇明祖训》的规定确定朱厚熜为皇位继承人，从事后的情况来看，杨廷和还是不太了解朱厚熜的，在朱厚熜准备进北京的时候，他就给了杨廷和第一个下马威。

杨廷和原本是想让他以太子的身份，由东华门入文华殿，没想到十四岁的朱厚熜擅自决定从大顺门直入，这样的决定无疑让杨廷和感觉非常的没面子，但是这仅仅是个开始，随后，朱厚熜与杨廷和之间就兴献王的称谓问题发生了强烈的冲突，这就是著名的"大议礼"事件。杨廷和与朱厚熜之间的冲突不断升级，后来又由于朱厚熜在皇宫里面搞斋醮，杨廷和极力反对，导致他与朱厚熜之间的矛盾几乎不可调和。

嘉靖三年二月十一日，杨廷和请求退休，朱厚熜不批准，但是杨廷和执意坚持，尽管朝廷大臣们都让皇帝极力挽留，但是朱厚熜也生气于杨廷和的坚持，最终让杨廷和退休回家。

在后来的"议礼"事件中，支持朱厚熜的另一派文官张璁、桂萼派得势，于是就有人弹劾杨廷和，说杨廷和欺君罔上，依法对参与"议礼"事件的臣子进行算账，判定杨廷和依律应该斩首，由于他有决定朱厚熜担任皇位继承人的功劳，因此被削职为民。

话说由于杨慎他爹杨廷和在"大议礼"事件中败给了张璁，所以杨廷和申请了退休，原因是"年事已高，劳累过度"，而杨慎认为父亲是被小人（张璁）赶走的，于是复仇的种子在心中快速发芽。

杨慎不愧是高干子弟，略一思索，就想出了一个绝妙的主意——找人打死张璁。文斗不行就该武斗，这种黑社会常用的手段竟然是杨慎的第一选择，真不知道他这些年读的都是些什么书。

事实证明，张璁虽然人品不好，心眼却是很多的，竟然成功地度过了这场人生危机。

随后，杨慎又联合200余名官员，到皇宫门口吵闹，让皇上给个说法。并扬言："皇上今天要不给个说法，我们就跪着不走了！"这时，明史上最为响亮的口号诞生了："国家养士百五十年，仗节死义，正在今日！"

发言者正是杨慎。

要说杨慎的书真不是白念的，如此有煽动性的口号也亏他想得出来。

先是骂，骂完就开哭，杨慎作为活动首领，还哭出了花样——撼门痛哭。虽然哭声震天，可眼泪的颗数扳着手指头都能数的过来，真正做到了"雷声大，雨点小"。嘉靖实在受不了了，于是把所有到场官员都抓了起来，猛打一顿（死者共 12 名），杨慎作为首领还领了惊喜奖品——回笼棍 + 流放。流放后的杨慎整日研究文学，直到一天他明白了他爹杨廷和为什么辞职不再与小人斗争，杨慎放声大笑，终究看破了红尘，写出了千古不朽的《临江仙》。

所以，朝廷上层的政治斗争，历来是微妙而复杂的，黑白是非往往难以区分。

就是由于这样微妙的上层政治斗争，跟随王阳明出生入死平叛的老战友们，得到封赏最厚的是吉安知府伍文定，一战成名之后担任了广东右布政使、都察院右副都御史等，后高升正二品兵部尚书、提督云贵川湖广军务，谥忠襄。其他人按《明史》的说法，"皆名示迁，而阴绌之"，也就是表面得到了封赏，却明升暗降。赣州知府邢珣长了两级工资：袁州知府徐琏晋江西右参政，后享受正三品待遇退休；临江知府戴德孺长三级工资，后来在担任云南布政右使时沉船不幸溺亡，追赠光禄寺卿。

被权奸打击报复的最为惨烈的要算王阳明的弟子冀元亨。

冀元亨，字惟干，武陵人。他笃信王阳明之学理，是明代的大学者。明武宗正德元年（1506 年），王阳明因救戴铣而触犯宦官刘瑾，结果被廷杖四十并贬谪到龙场驿。冀元亨与蒋道林不远千里一起前往求教问学，从此拜王阳明为师，过了一年多才返回。正德十一年（1516 年），冀元亨参加湖广乡试，考题是以"格物致知"作为发挥，冀元亨没有用朱熹的理论来写，而是以王阳明的思想来答题，主考官觉得很惊异，并因此录取他。

王阳明的弟子虽然满天下，但冀元亨应该算是他的最得意门生了，因为他曾与王阳明同生死、共患难。

正德十二年，王阳明被派到江西主政，宁王朱宸濠故意写信求问有关阳明之学。王阳明便派冀元亨前去讲学。朱宸濠所谈都是如何称王称霸的战略，冀元亨假装不懂，只是一味与朱宸濠谈王阳明的学理。事后朱宸濠对人说："那个冀元亨真是一个书呆子！"

有一天，讲到北宋张载的文章《西铭》这一篇时，冀元亨反复详陈君臣一体之义，以图感动朱宸濠。朱宸濠很是惊讶，不禁钦佩地说："这儒生竟然有这么大的胆子和勇气。"于是备厚礼给冀元亨。冀元亨将宁王所馈都转交给了官府。

此后朱宸濠战败，张忠、许泰等欲诬陷王阳明与朱宸濠有勾结，便质问朱宸濠，朱宸濠说没有此事。张忠不死心，一再追问，朱宸濠只说自己曾与王阳明的弟子冀元亨探讨过学问。张忠听了大喜，认为终于找到陷害王阳明的藉口，于是立即捉拿冀元亨，严刑拷打，乃至施以炮烙酷刑，冀元亨宁死不认王阳明与朱宸濠有私。张、许等人就把他押解到京城，关入大牢中。

冀元亨在狱中时，对待其他的囚犯就像兄弟般友爱，让很多囚犯都感动到落泪。后明世宗即位，言臣均称其冤，才被放了出来，出狱后五天，冀元亨就因受刑过重而死。

若当时冀元亨招出王阳明，王阳明很难为自身辩白。然而，冀元亨既受阳明"知行合一"之学，自是以一身为之践履，严刑拷打之下坚志不移，真正做到了以生命做学问。

王阳明自己的弟子冀元亨不顾个人安危与宁王打交道，探听宁王的动向，为平叛下大功，却因小人弄权而入狱，还带累了妻子宗族，这让王阳明激愤不已。从王阳明后来的记述可知，拘捕冀元亨是秘密进行的。如若有罪，自当大白于天下，何须秘密拘捕？可见朝堂的乌烟瘴气。

即使如此，王阳明又担心据理力争惹恼了那些小人，只好隐忍按捺，痛苦不已。

尽管最后随着明武宗之死，宵小被清算；在王阳明的不断努力下，冀元亨最终获释出狱，却几天后就死去，但这样的结果仍让王阳明痛心不已。愧疚之余，王阳明不仅不能安然接受朝廷迟到的封赏，还道出了"虽尽削臣职，移报元亨，亦无以赎此痛"的心声。

后来，王阳明对于朝廷的封赏连上了两疏请辞。这其实也是对当时朝廷的失望灰心所致。

以"冀元亨事件"来说，构陷冀元亨、王阳明的或许只是几个弄臣，但当时能不畏强暴、直言为其辩白，或显一善意者，又能有几人？无怪王阳明后来发出了"自平难以来，此同事诸人者，非独为已斥诸权奸之所诬构挫辱而已也，群憎众嫉，惟事指摘搜罗以为快，曾未见有鸣其不平而伸其屈抑者"的控诉。

这样的一个乌烟瘴气的朝堂，王阳明实在无法与之共事。

嘉靖初年，昔日朋友席书曾经向嘉靖皇帝举荐了王阳明。但是，王阳明委婉拒绝了入阁的邀请。这也说明了王阳明对于中央政治的彻底失望。正是在这个背景下，王阳明坚持了民间讲学的风气，后世学者余英时将其称为王阳明的下行路线。

　　早年间刘瑾乱政时，父亲王华便擢升南京吏部尚书退居二线。如今自己立下大功，却居然也追随了父亲的脚步，带着伯爵与正二品的虚衔前往南京，从此远离了政治的喧嚣。

　　换做常人，或许会无缘失落，王阳明却不这样想，他反而高兴。

　　首先，他终于可以和父亲团聚了，多年的苦难，让他无比怀念父亲当年的淳淳教导，多年的离别，又让他希望和家人团聚；其次，离开了政治漩涡，王阳明将有更多的时间研究学问。

　　作为政治家、军事家的王阳明圆满完成了使命，而作为哲学家的王阳明将继续披荆斩棘。

第五章
阳明心学到底说了些什么

先从程朱之辩说起

哲学是什么？举一个最简单的例子：小时候父母教导我们："诚实的孩子才是好孩子。"这样，我们心目中就会有一个标准：诚实即好，诚实就是不说谎话，实话实说。

可如果父母带你去看一个得了重病、不久人世的长辈。看着满脸憔悴、被病魔折磨得不成样的长辈，大家都不忍心告诉他真实的病情，都撒了个善意的谎言：好好养病，过几天就会好的。如果你这时候因为要做个诚实的好孩子，实话实说，后果又会怎样呢？这时候诚实就成了坏事。

事物的好坏都是相对的，要放在具体的环境中去分析。而这种

"相对性"就是哲学的一个重要命题

对王阳明影响很大的主要有两位哲学家，一个是前面所讲过的朱熹，另外一个是在学术上与朱熹针锋相对的陆九渊。

朱熹认为人性本身是善的，人是由"理"和"气"组成，"理"是天理，是没有错的，人世间之所以有坏人，是因为"气有薄厚之分"。当人的欲望太多，他就会去做坏事。比如一个身无分文的人，当他看到商店橱窗里的美食、时髦的奢侈品、漂亮的首饰，想占为己有，可又没有钱，怎么办呢？只有去偷盗、去抢劫。

是故朱熹提出"存天理，灭人欲"，人的欲望越少，所做的坏事就越少。这样以来，他把"心"和"理"分成两个完全不同的过程。

而陆九渊却恰恰不同，他认为"心""理"是合一的，人们顺着心的本能去做符合道理的事情，当人们有恻隐之心的时候就会有恻隐的行动，去帮助别人克服困难。正因为他们在"心""理"上的分歧，才在修身的方法上辩论不休。

在我们的生活中有一个常见的问题，那就是：高尚的人一定知识渊博吗？

一般来说，通过掌握书中的道理，人可以做到不断地提高自己的修养，包括知识水平、道德修养。可以说知识渊博的人更容易培养出高尚的情操。可是在中外历史上，又有不胜枚举的反例。例如你现在正在读一本书，或者你正在电脑上修改一个文档，你知道看到的宋体字是谁发明的？是由宋代的大权奸秦桧所创造出来的，秦松本人是进士出身，文艺方面的才华十分出众。许多受过良好高等教育的人，他们用所学的知识干起坏事来的危害性比一般人要大得多，这又是怎么回事呢？

既然知识不一定能培养高尚的情操，那么怎样才能做一个正直高尚的人呢？

作为万物的精灵——人，不管是在古代还是现代化的今天，这都是一个非常值得思考的问题：怎样做一个高尚正直，对社会有用的人？

朱熹和陆九渊又根据自己的理论，做了截然相反的两种解释。

朱熹提倡人要不断学习，他的理由是，之所以人会做坏事，是因为学得不够深，不够专。而且学习要有非常认真的学习态度，要"足容重，手容恭，目容端，口容止，声容静，头容直，气容肃，立容德，色容庄，坐如尸……"

陆九渊却不赞成朱熹的观点，他说，修身的关键在于"立志"，只要不断地自我反省，自我检查，保持心的纯洁，修身不一定要读书。陆九渊更指出，作为主体的人在修身中的重要性，可是不读书，又从哪里去悟道而立心呢？

看来，提高一个人的道德修养，读书、增长学识与"立心"两者之间的关系的确不好把握。这个问题曾让朱熹与陆九渊辩论了一生，也曾让王阳明冥思苦想，百思不得其解。不过，后来王阳明在实践中慢慢摸索，逐步找到了解决问题的办法。

"心外无理"和"心外无物"

"心"，在一般人看来是生理意义上的，跳动的心标志着生命的延续。而在王阳明看来，心的作用崇高而至上。

首先，王阳明认为人内心的动机决定人的一切道德行为。

王阳明说："物理不外于吾心，外吾心而物理，无物理矣，遗物理而求吾心，吾心又何物邪？"这就是说，事物的规律离不开人这个主体，如果没有人怎样去寻找事物的规律呢？

同样，离开事物的规律去认识人，只看表面现象，也不可能真正认识人这个主体。人和事物的规律就像两个吸引力极强的吸铁石，相互吸引，密不可分。

他又说："人者，天地万物之力也；心者，天地万物之主也。心即天。言心，则天地万物皆举之矣。"可见，王阳明把心放在一个多么重要的位置上，心能包罗万物，心能主宰一切。

后来，他干脆直接宣布："心外无物，心外无理，心外无义，心外无善。"

但是，人们很容易提出一个问题：既然人世间的一切（物、心、理、义）都包含在"心"中，心是万能的，那么为什么人们还需要不断地学习知识，全靠心去体悟不就行了吗？

王阳明并不否认心外有可以使人渊博、使人明智的知识，因为他自己就是主要靠勤学苦读才悟道的。但他更强调，如果没有人心本来善的动机，就是学得再多，也只是像舞台上的演员演演戏而已，并不能真正使人培养高尚的道德情操。

王阳明并且举了一个非常生动形象的例子来论证自己的观点。他说，就拿孝敬父母这件事来说，如果你的心本来就是善的，不一定要别人教导或者别人的督促，看见冬天天气寒冷，就一定会想到，我的父母是不是穿得暖、吃得饱，就会努力地使父母有火炉、有棉衣；看见夏天天气炎热，又会担心父母会不会中暑，就会腾出阴凉的房屋给他们。必须先有诚孝的心，才会用行动去做。这就像树叶与树根的关系，诚孝的心是根，其余条件是叶，先有孝敬父母的动机，才能生根发芽，长出浓密的叶，做出孝道所规定的事。即便没有经验不会做，也会主动虚心地学习，直到把这些事情做得令人满意。

其次，王阳明认为心是衡量一切事物的尺度。

王阳明的"心外无理，心外无物"的宇宙观的第二个含义就是，心像一个光滑透亮的明镜，能普照万物。

当有弟子问他："为什么圣人能随机应变、料事如神，是不是他们早就知道了呢？"

王阳明回答说："圣人心中有一个判断事非的标准，凡事他们都用'心'去测，去量，当然能随感而应，无物不照了。"

王阳明还若有所思地补充道："其实，是非两字是个大规矩呢！"

看来，在王阳明的眼里，是非分明，善恶分明，而这一切事物的标准与尺度就是"心"。用自己的内心去衡量事情的对与错，该与不该，从而选择一条自己最适合走的路，就算是放在今天，这不也还是待人接物的一条很好的办法吗？

最后，王阳明所说的"心"并不是一成不变，而是非常灵活的。

他曾经这样讲："天下之事千变万化，而皆不出于此心之一理，然后知殊途而同归，百虑而一致。"

这就是说，天下的事千变万化，就像人的一生谁也不能预料前面的路到底有什么样的风浪，什么样的荆棘险滩，而我们唯一能做的，就是用"心"去把握它们其中普遍的规律，找到解决问题的最好方法。换言之，也就是先要承认事物的多变性，然后以不变来应万变。

"知行合一"的认识论

"知行合一"的认识论，是王阳明在龙场悟道的第二年，即正德四年提出的。这个学说提出的时间与王阳明"心外无理，心外无事"的世界观相距很近，甚至可以说是紧接着后者提出来的。

这是王阳明心学中最重要的理论之一，人们也把它看作代表王阳明思想特色的学说。

前文中提到，朱熹与陆九渊关于先"知"后"行"，还是先"行"后"知"的争论持续了几十年。即使他们死后，弟子之间仍辩论不休。

王阳明所处的年代，正是一个知行分离严重的时代。许多人明明知道对父母双亲应孝顺，却不给失去劳动能力、年迈的父母吃饱饭、穿暖衣。对客人却声称我有多么孝顺，还要请出瘦骨如柴的父母为他们编造谎言，好让他们有个好名声。

就这样的现象，王阳明的学生问："长此以往，怎样才能知行合一呢？"

王阳明说："此已被私欲隔断，不是知行的本体了。未有知而不行者，知而不行只是未知。"

王阳明的意思是，知和行本身就是互相联系，互相包含，缺一不可的。当你只知不行，实际上只完成了一件事情的一半，就像你晓得尽孝道却不去做，实际上，你根本就是未知的。

其实，在生活中有许多事情都是这样的。有的人说自己博学，成天夸夸其谈、海阔天空，一旦碰到具体的事务需要让他去做却傻了眼，最典型的例子，像纸上谈兵的赵括，在长平之战中损失了45

万人，这就是知而不行的最明显的例子。

有的人从小也有远大的志向，可是又怕吃苦又觉得来日方长，日子一天天地从脸盆边、睡梦里溜走，自己却一事无成。正如古语所说，"少壮不努力，老大徒悲伤"。这"只知不行"可害了不少人，等到他们醒悟过来，已拄着拐杖，白发苍苍了。

可见，王阳明的理论有着非常现实的意义，他提醒每个人在知与行之间找到最适合的平衡点，这样才能像杠杆一样用最小的力气来承担起最大的重量。

但是，在我们心中，也有一个疑问：知和行明明是两个完全不同的概念，怎么在王阳明的学说中知和行又合一了呢？且听王阳明的解释。

首先，王阳明认为：知来自于行。王阳明曾说过："知痛必有自痛方知痛，知寒必已自寒了，知饥必已自饥了，知行如何分得开。"只有深切经历过疼痛才知道什么是痛，只有经历过寒冷才知道什么叫冷。这与我们感性有关的体验（知）显然是和我们亲自经历（行）有关的。这一点上，我们大家一定会举双手赞成。

因为从小到大，不管是天气的寒冷，食物是否好吃，道路是否平坦，只要我们一试就知道，而且只有亲自体验，才会有深刻的认识。就像天气寒冷时，你偏不信，却要穿着单衣短裤出去，结果被冻得牙齿打颤，才急急忙忙跑回来把自己全副武装，这正是"吃一堑，长一智"，下次一定会提早御寒。

而对于王阳明最有感悟的莫过于孟子说过的"生于忧患，死于安乐"这句话，少年时的王阳明，气大意狂，心比天高，志比海深，生活条件也很舒适安逸，他把孟子的这句话只是当作名言来记，并不能体会其中的深刻含义，可等到被贬龙场，条件变了，一切都变了，在尝够了人间疾苦之后，王阳明才深刻体会到了"生于忧患"这四个字字字千金。从而在思想上形成了由"一心只读圣贤书"到"行中出知"的飞跃。而这强调人的认识来源于实践，无疑是正确的。

其次，王阳明明确指出：知的目的是行。

王阳明说："某尝说知是行的主意，行是知的功夫。"

前面已经说过，要认识"知"，就必须通过"行"。同时，行也不是一匹瞎了眼的宝马，到处胡跑狂奔，它要有行作为指导。这样的例子在我们的生活中更是数不胜数。

比如说你的家中买了新的洗衣机、录像机，爸爸妈妈准不让你胡乱按动，他们要对着说明书仔细查看，然后再正确操作。

现在再让我们回到到底为什么学习这个问题。

"学以致用"现在的知识有的是几千年来中华民族的文明成果，有的是从国外吸收来的精华，人们是历经千辛万苦，甚至是冒着生命危险得来的，它使我们的生活更便利，更舒适。我们只有掌握了它，才能为社会，为他人做出自己的贡献，自己也会在奉献之中体会到付出的乐趣。

举个最简单的例子，如果当你发现世界联网的计算机能让你在任何时间同世界各国的朋友通话交谈。当别人因为懂操作而忙得不亦乐乎，你却因为一无所知面对计算机不知所措，那会儿你该多着急啊！

看来，王阳明"知行合一"的认识论，不仅在当时影响巨大，就是现在，也可古为今用。

王阳明有一段话："阳言学孝，则必服劳奉养，躬行孝道，然后谓之学，岂徒是空耳讲说而递可以谓之学孝乎？学射则必张弓挟矢，弓满中的；学书则必伸手执笔，操觚染翰。尽天下之学无有不行而可以言学者，则学之始固已即是行矣。"

在朱子学一统天下的时代，王阳明提出"知行合一"说，给当时的人们带来了巨大的冲击。人们不能理解其本意，惊讶者有之，非难和指责者层出不穷。王阳明曾经这样形容自己的处境："危栈断我前，猛虎尾我后，倒崖落我左，绝壑临我右。我足复荆榛，雨雪更纷骤……""举世困酣睡，而谁偶独醒？疾呼未能起，瞪目相怪惊。反谓醒者狂，群起环门争……"

到了嘉靖元年（1522 年），王阳明已经是平定藩王之乱的大功臣，却依然遭受其他官员的攻击。当年进士考试由礼部负责出题，策问题中涉及心学，出题人暗中希望考生指责王阳明。可见王阳明的处境之艰难。

尽管如此，王阳明在反省过后，坚信自己的学说精确、明澈。"吾自南京已前，尚有'乡愿'（《论语·阳货》）意思。在今只信良知真是真非处，更无掩藏回护，做得'狂者'（《论语·子路》）。使天下尽说我行不掩言，吾亦只依良知行。"

"致良知"的修身论

人性本善还本恶？这是一个被争论了几千年古老的话题。最早的争论出现在春秋战国时期。其中最富有代表性的是孟子和荀子。他们俩都是孔子的学生，但各自学说却大相径庭，甚至背道而驰。

孟子认为："人之初，性本善。性相近，习相远。"也就是说，人一生下来，本性是善的，这是每个人都共有的，人与人之间的差异只是后来的习惯不同罢了。他又补充说："仁义理智，吾固有之。"善良、正义的本性是人本身所具有的，并不是天生没有，后天通过学习获得的。

而孔子的另一个高足荀子却不赞成孟子的观点。他说："人之性恶，其善者伪也。"人本身啊就是恶的，善良正义都是人为的、伪装出来的、假的。荀子对人性的态度是比较悲观的。

看来，人性善恶的问题不仅引起无数先哲的争辩，王阳明也在思索这个问题。

正如古人所言：玉不琢，何以成器。王阳明反思自己正是在"琢玉"的过程中悟出了真知。

所以，王阳明提出了这样的观点："无善无恶是心之体，有善有恶是意之动，知善知恶是良知，为善为恶是格物。"这就是说，人天生就有区别善恶的良知，这是人的本性，人有时去偷去抢是因为人有强烈的占有的欲望，人到底是做好事还是做坏事都是根据他本身所定的标准来言的。

看来，王阳明还是偏向于孟子所言"人性本善"论，并作了有益的补充。

于是，王阳明就有了"良知"这个概念。

人生来就有明辨是非、喜善厌恶的心理。对于一个刚"呱呱"落地的婴儿，初来到这个绚丽多彩的人世间，在他眼里，天是蓝的、水是清的、树是绿的，一切都是这般美丽而纯洁。而这善的情感就是人人遵守的道德、修身养性的源泉。

当然，人除了有良知，还有私欲，有时为了自己的私欲，乃至于为了蝇头小利，会做出损人利己的事情。

那么，怎样才能既心知又手知，不去做它们呢？王阳明也为修身养性、培养良好的道德观总结了一套办法，这就是"静处体悟，事上磨炼"。

曾有弟子问王阳明，用兵是不是有特定的技巧（用兵有术否）？王阳明回答：哪里有什么技巧，只是努力做学问，养的此心不动，如果你非要说有技巧，那此心不动就是唯一的技巧。大家的智慧都相差无几，胜负之决只在此心动与不动。

王阳明举例子说，当年和朱宸濠对战时，我们处于劣势，我向身边的一个人下达准备火攻的命令，那人却无动于衷。我说了四次，他才从茫然中回过神来。这样的人就是平时工夫做得不到位，一临事，就慌乱失措。那些急中生智的人的智慧可不是天外飞来的，而是平时学问纯笃、"静处体悟，事上磨炼"的功劳。

闲暇无事时应勤学读书，从书中去体会别人如何克服名利的诱惑；也要自己思考，将好色、好货、好名这些私心一一追究、搜寻出来，然后如猫捕鼠般，斩钉截铁、毫不留情地将它除去，又如同人们生病，一次就要拔去它的病根，让它永没有复发的机会。

王阳明又是如何身体力行呢？

有一次，王阳明去游地势险要的九华山，当历尽千辛万苦，终于爬到高耸入云的山顶时，王阳明胜利般地松了一口气，也深深地被周围的美景所打动，周围群山层峦叠嶂，都被缭绕的云气所包围，只留下突出的山顶依稀可见，这里没有尘俗的纷忧，没有杂乱的声响，有的是清脆的鸟鸣、流淌的溪水、"一览众山小"的开阔视野。

在这天地合一的境界里，王阳明深深感到天地的宏伟，自身的渺小。

怎样让自身由渺小走向伟大呢?

王阳明从九华山的险要复杂的地形中体验到了人的韬略深晦,领悟到宏伟的山势与吾心的志向远大是同一的,这就要克服"小我",不总是计较个人的一些小得失,而应该走进世界中的"大我",去寻找内心超越。超越平凡生活,超越自我,在更大的空间去寻找自我。

这样,王阳明的心灵得到更大的安慰,于是精神焕发,顿觉自信倍增,对于蝇头小利变得释然,在心目中稳固地建立了"致良知"的认识论。

同时,"致良知"论无时无刻不在强调一个"变"字。

首先,他大胆地否定了封建伦理的死框框,而允许每个人根据自己的个性去选择适合自己的处事方法。比如,社会地位低下的人就不必为自己的粗俗而自卑,粗俗也并不影响一个人勤学苦读,去当圣人。总有一天,粗俗的人照样会同地位高的人一起平起平做。王阳明总结为:"人脑中各有个圣人,只自信不及,都被埋倒了。"

他认为人们要善于发现自己心中"良知"的标准,而不要总跟着别人人云亦云。他为此写诗一首:"人人自有定盘针,万花根源总在心。却笑从前颠倒见,枝枝叶叶外头寻。"

王阳明认为,一个人既要善于运用自己的"良知",也提出了一套对付"小人"的招数。

他说,对待坏人不宜作公开的揭露和抨击,而应该抓住其弱点,用巧妙的办法治他一下,让他明白"善有善报,恶有恶报"的道理,从此以后不敢为恶。

在用人上，王阳明讲求在变中讲求效果，他常常把"便宜八事"（最省力地办事）、"期于成功"挂在嘴上，甚至提倡重用有才干而贪财的人。他说，如果能用一些金银财宝换来战争的胜利和社稷的平安，那么，这个时候以小换大有何不可呢？这个观点确实是有些惊世骇俗。在古代传统社会可是把道德观念放在第一位。公开场合言必称"廉洁，至孝"，王阳明的这个说法，在当时足以让传统的卫道士大跌眼镜。

不仅如此，王阳明还特别鄙视死守清规而不知变通的人。

在王阳明的杂著中曾记录了一件事：补生傅凤因家境困难，无法养活年迈的父母和智障的弟弟，他不顾身体地日夜苦读，因为吃不饱再加上学业辛苦，竟然卧床不起患了大病。

按当时传统儒家的思想，只讲动机而不讲效果，傅凤的举动可以说非常孝顺，要受到世人的称赞。可是王阳明偏偏不欣赏，反而说他不孝顺父母。王阳明的理由是，如果人累病了甚至于累死了，父母弟弟又将无人供养，就算你动机再好又有什么用呢？

王阳明赞成照顾全局，用"良知"找出解决问题的最好办法，从而做到事半功倍，而不用总拘泥于旧的形式和死的框框。

"致良知"是王阳明一生提出的最后一个学说，是他心学体系中最成熟的部分，也是他对以前所有学说的最高概括和总结。正是在这个学说的指导下，王阳明在复杂多变的世态中能做到行事游刃有余。在他的一生中，前面惊涛骇浪越多，王阳明却越能乘风破浪，向前开拓，而从未翻船落水过。他留给后人的"八大事功"，丰功伟绩莫不归功于学说、思想的成熟。

阳明思想中的禅机

正如他的老前辈朱熹一样，王阳明受禅宗思想的影响是很深很深的。

在这里人们往往还是会产生一个思想上的误区，那就是，儒、释思想的对立。关于这个问题，还是可以举一个或许不甚恰当的例子来说明。

例如，当我们造一辆汽车，怎么能使这个汽车性能优良，省油，行驶舒适平稳，满足人们的需要，这是一门学问；我怎么提高驾驶技术，在车流汹涌的大街上开着车来游刃有余，这是另一门学问。好了，释和儒就是这两门不同层面上的学问。

在王阳明的学说以及他的很多事迹中，就能嗅到浓浓的禅味儿。

例如，"人人皆可为圣贤"。

《六祖坛经》中有这样的记载，第六代禅宗祖师慧能禅师去拜见五祖时，五祖问他："汝是岭南人，又是獦獠，若为堪作佛。"意思是，你来自偏远没教化、蒙昧又盲的地区，这样的人还想成佛？慧能答曰："人虽有南北，佛性本无南北。"五祖听了，心里暗暗惊叹慧能是一个人才。事实上，"人虽有南北，佛性本无南北"，这其中透露出来的含义就是，人人都有佛性，都可成佛。而这是禅门的最基本理念。这与王阳明"人人皆可为圣贤"的思维是一以贯之的。

再例如，王阳明说："圣人之道，吾性自足，向之求理于事物者误也。"禅宗经典《六祖坛经》中有"何期自性，本自具足"的说法，意思是佛性是我们本来就具足圆满；又有"菩提只向心觅，何劳向外求玄"的说法。看，是不是有些异曲而同工之妙？

王阳明的弟子萧惠向老师请教佛老之学的精妙处。王阳明说："我和你说圣人之学简易广大，你不肯问我所感悟到的，却只问我所后悔的。"萧惠惭愧地认错，向老师请教圣人之学。王阳明说："现在你只是做表面工夫，为敷衍而学。等你真有了一个为圣人的心之后，我再和你讲也为时不晚。"萧惠再三地请教。王阳明说："我已经一句话就给你说尽了，而你还没有明白！"在王阳明看来，要想达到圣人之道，最关键的就是要先有一个一定要成为圣人的心。只有先立定这个志向，其他的一切就好说了。

其实，就是这佛教《华严经》所提到的，"初发心即成正觉"。

从中国固有的儒释道文化来说，就释家而言，它主要研究的就是"心"，而且这是它与别的学术、学问最不同的地方，这是众所周知的。例如，与释相对应的道家，主要研究的是"身"，所以它是注重养生的学问。再例如，儒更入世了，它不管"身"，它管怎么用这个身，怎么做人处世。正如我们经常说的，越是基础的学科，越是离实际应用较远。但是，越基础的学科，意义越深远重大。例如，人类离不开哲学家。为什么呢？人类自从一诞生，就面临着一个问题，那就是，怎么活着、为什么活着？像野兽一样活着吗？还是构建社会、建立文明？

话题转回来，今天有些人会用心理学的角度来概括说，释，也就是佛法，它研究的主要就是心理学而已。但是呢，佛教自己绝不这样认为。佛教认为，现代心理学充其量研究人心识中的第六识，也就是俗话说的意识、思维，可是背后还有呢，第七、第八，乃至第九识。甚至，以佛教修证的立场看，现代心理学研究的仅仅是第六识——也就是人的思想意识中的一小部分，并且远未能穷究其原理、穷究其所以然。也就是说，潜意识背后还有潜意识、潜意识的潜意识在作用，例如，佛法术语中的"微细流注"，极其细微、非入深禅定不能觉察到的心行。概括起来说，释，本来就是研究心学的祖宗。如果对释的思想精通的人，再回过头来看待王阳明，未尝不是洞若观火。

总之，因为要使读者明白，所以，不能不牵涉到中国文化中的广博背景，把王阳明放在思想界、人类精神成就的经纬之中，才好让大家更好地理解王阳明这个人，及其他的成就、他对于后世的意义。

文学青年王阳明

王阳明是实打实的文艺青年。

正如王阳明十五岁所言："武举之役，仅得骑射搏击之士，而不可以收韬略统驭之才。"这句话是为了批驳现实中的武官只有"骑射搏击"的才能，而不注重"韬略统驭"智的培养。所以，王阳明一直提醒自己要文武并重。

王阳明的挚友湛若水曾总结了王阳明的五大爱好，称之为"五溺"："初溺于任侠之习，再溺于骑射之习，三溺于辞章之习，四溺于神仙之习，五溺于佛民之习，正德元年（1506年），始归正于圣贤之学。"湛若水的"五溺"把王阳明一生的追求都写了出来。王阳明正是在诗、武、学这几方面不断努力，且都颇有造诣。

王阳明不仅能统帅千军万马，还善于将所思所感形诸笔端、成诗成文。他十一岁时替祖父作的两首诗，就使众人惊叹。

二十一岁时，又与文人魏瀚等同结诗社，潜心研究诗文的辞章，语句，后来又与当时文坛"四杰"——李梦阳、何景明、徐祯卿、边贡同学习古诗文。有时讨论的正激烈，王阳明诗兴大发，随口吟来，语言、平仄都恰到好处。王阳明一生著作盛丰，诗文多仿古体诗文而著，包括赋骚多首，也有仿唐诗绝句。

既然王阳明擅长诗文中的赋、骚、绝句，那么什么是赋、骚、绝句呢？

赋，正如古人所云："赋者铺也，赋者敷衍。""非诗非文，亦诗亦文。"也就是说，赋多作为一种单独的文体，采用铺陈的手法，通过直接叙述描写而达到咏物抒情的目的。根据发展阶段的不同，赋又分为骚体赋、散体大赋、咏物小赋。

历史上荀子是第一个写赋的，楚国的宋玉为赋体文化奠定了深厚的基础，而以贾谊的《吊屈原赋》为代表的汉赋是历史上最有名气的，取得的成就也最大。

骚体，是诗人屈原在《离骚》中表现出来并渊远流长。它通过比兴的手法，采用大量神话、传说为素材，和现实世界组成一个雄伟壮丽的幻想世界，来反映现实、揭示诗人的内心世界，充满了积极的浪漫主义色彩。后人常常用"风骚"（《诗经》中的《国风》，屈原的《离骚》，分别代表现实主义，浪漫主义风格）来总称文学。

绝句，是唐代格律诗（律诗、绝句）之一。格律诗在篇幅上讲究"字有字定，篇有定句"，绝句四句，律诗八句，每句五言或七言。在声律方面讲究"一句之中，平仄相间；一联之中，平仄相对"。律诗分为首联、颔联、颈联、尾联，绝句中无对仗者，似截律诗首尾两联；若全部对仗，似截首尾两联。在韵律方面，格律诗讲求"偶句押韵，一韵到底"。杜甫的《江南逢李龟年》便是七言绝句中的佳作。"岐王宅里寻常见，崔九堂前几度闻。正是江南好风景，落花时节又逢君。"

下面，让我们具体看看王阳明诗句的魅力：

《归越诗三十五首》之一

十年尘海劳魂梦，此日重来眼倍清；

好景恨无苏老笔，乞归徒有贺公情。

这首诗是王阳明初入仕途，中得了个闲职，终日无所事事，内心沉郁难舒，来到钱塘西湖散心，心胸豁然开朗，不由想起白居易、苏东坡等人不计个人得失，更不自暴自弃的形象，再度燃起对人生的理想与热情。表达了对前途虽然风云不测，但却非常自信的情感。

《芙蓉阁》

青山意不尽，近向月中看。

明月归城市，风尘又马鞍。

岩下云万重，洞口桃千树。

终岁无人来，惟许山僧住。

这首诗是一首五言律诗。其中前四句中看，鞍相押韵，后四句中"树"，住相押韵，朗朗上口，既易读来又易体会。又用"青山""近向"；"明月""风尘"等鲜明对比，刻画出诗的意境。

《忆鉴湖友》

长见人来说，扁舟每独游。春风梅市晚，月色鉴湖秋。

空有烟霞好，犹为尘世留。自今当勇往，称与报江鸥。

这首诗是王阳明在三十四岁，身受磨难，终于在人生坐标系上找到了生命的价值而有感而发。不错，王阳明喜爱美丽的鉴湖秋色、梅市的晚景、游荡的扁舟。但他更热恋于江鸥那种奋发激扬的精神，这也正是王阳明努力追求的。

《屋蟀月》

幽室不知年，夜长昼苦短。但见屋蟀月，清光白弓满。

佳人宴清夜，繁丝激哀管。朱阁出游云，高歌正凄婉。

宁知幽室妇，中夜独愁叹。良人事游侠，经岁去不返。

来归去何时，年华忽将晚。萧条念宗祀，泪下长如霰。

这首诗是阳明居住龙场、倍受磨难时所著。"自古才子最多情"，王阳明思念家中的妻子、亲人，又感慨年华流水、壮志未酬，万般思绪从心中涌出，真是"剪不断，理还乱"，只有用诗句来表达万般愁绪。

第六章
心学大师的天下桃李

阳明心学是怎么遍地开花的

王阳明一生中并不把追求功名利禄、建立"事功"放在第一位，因为这不是"圣人"的主要任务。"圣人"使命是什么？追求道德修养人格的完善，并且把自己所学一点一滴教给众人，让"人人心中有定盘针"。

早在当官忙于事功，平定叛乱之时，王阳明就忙中偷闲，向别人"传道，授业，解惑"。等到正德十六年九月平定宁王朱宸濠叛乱之后，王阳明回到家乡余姚，决心"好将吾道从吾党，归把渔竿东海湾"，要好好传授弟子，从此也开始了他讲学的昌盛阶段。

一开始讲学，就得到了钱德洪、王畿、王艮等众多弟子的真诚拥戴，求学者可谓风起云涌、震动朝野，其声势如同旋风一般，席卷山村遍野、皇城京都。

只不过"万事开头难"，阳明之说马上就遭到了上到朝廷、下到一些腐儒的反对。

御史程启充、给事毛玉、首辅杨廷和上书称："王阳明的理论都是伪学，与官方哲学格格不入，应该予以取缔。"

此时，王阳明的弟子陆澄正担任刑部主事，他也准备上奏皇帝，为恩师讨回清白，却遭到了王阳明的阻止。

王阳明微捋着胡须，从容不迫地对陆澄说："今天下讲学之风盛行，此乃大势所趋，而反对我讲学的，必是怨恨我的人，他们空发言论，就是要引起我的愤恨，使我卷入政治斗争中。而我却偏不予理睬他们，有一天谣言终会灭亡，他们有一天也会不欢而散。"

陆澄听得将信将疑，却也只有按照恩师的意思，按兵不动。

果然不出王阳明所料，不到几个月，反对王阳明学说的人就不攻自破、消声匿迹。而王阳明教学不但没有停止，听讲的人反而越来越多。

这其中弟子王艮的作用不容忽视。

《年谱》记载，王阳明居越讲学时期，王艮在会稽"侍阳明朝夕"。王艮见阳明的学说不能被世人广泛接受，就感叹说："风力不能远行，是弟子我的罪过啊！"

于是，他辞别了恩师，打着"团结山林隐逸，开导市井蒙愚，同天下为善"的旗号，坐着小木车开始周游天下。凡所到之处，晓之以理、动之以情，用通俗易懂的言语讲解王阳明学说的精髓。

而各地的百姓更是热情倍至，到处奔走相告，嘴里说的、心里念的几乎都是"王阳明"。王艮讲学的成功，无疑给王阳明学说的发展起了推动作用和巨大的鼓舞。

明嘉靖三年（1524 年），王阳明在越居住有二年了。他已由二年前父丧的悲痛中解脱出来，病情也有好转，便受郡守南大吉之邀，在稽山书院开始讲学。此次讲学将王阳明心学的传播推向了一个新的高潮。

一听说王阳明在稽山书院开讲，无数的文人志士从天南海北，不顾长途跋涉，千里迢迢地赶来。萧璆、杨汝荣、杨绍芳等人来自湖广，杨仕鸣、薛宗堂、黄梦显等人来自广东，王艮、孟源、周冲等人来自直隶，甚至连海宁年近八十古稀的诗翁董法也拄着拐杖，抱着诗卷三步一歇地赶来了。

一时之间四方学者环先生之室而居，每一个僧舍常住十人之多。夜里没有足够的床铺，只好轮番睡觉。可想而知来听讲的人多到了什么程度。

每天王阳明开始讲课时，整间房子被人围得水泄不通，有的人实在没有立足之地，只好金鸡独立，单脚站着听，后来听入了迷，以至于忘了疲倦。

就这样春夏秋冬、月无虚日，送走了一批，又有一批紧随而来。听完王阳明的讲学，蒙昧的人悟出真知，迷茫的人顿时清醒。这种盛况，在中国古代教育史上是罕见的。

面对如此众多的弟子，王阳明怎样才能一一传教，答疑解惑呢？

"士之初至者，先令高等弟子教之，而后与之语。"每次新来的人，先由钱德洪、王畿这样的高足弟子传授入门之学，等到略有精通，再由王阳明亲自传授。这样一来，教学的效率大增，受教的人更多了。

这一年八月中秋，月白如洗，王艮等弟子与恩师共度中秋。

于是，王阳明与众弟子在天泉桥上摆上酒宴。酒过半酣，王阳明让弟子做歌诗助兴。于是，众弟子纷纷踊跃参加，比试开了。会箫的人箫声悠扬动听，会琴的人手指纤细拨动，有的人在琴箫的伴奏下放声而歌，场面异常热烈。

王阳明见大家兴致盎然，自己亦任性忘情，与众人同歌载舞。仕途多年，似乎每次建立事功后王阳明也没有这么高兴过。这一天，是王阳明有生以来最惬意的一天。他望着手舞足蹈的弟子，突然生起了一种无与伦比的满足感，随口而作诗云：

> 处处中秋比月明，不知何处得群英。
>
> 须怜绝学经千载，莫负男儿过一生。
>
> 影响尚疑朱仲晦，支离羞成郑康成。
>
> 鉴然舍瑟春风里，点也虽狂得我情。

短短几句，教书育人、修身养性而带来的喜悦之情溢于言表。

嘉靖四年十月间，在王艮等弟子的努力下，阳明书院在越城建成了。从遭人反对到书院的建成，阳明心学的传播向前走了巨大的一步。

阳明书院为天下的学子求学提供了便利的条件，成为阳明学派传道授业的重要场所，经常举办一些讲会活动。为此，王阳明还专门制定了讲会的条约，要求主讲人学术地位平等，争论自由民主，每个人都可以自由发言，讲完后别人也可以站起来反驳。这无疑为每一个人提供了畅所欲言的机会。

弟子王畿、钱德洪等也是非常憎恨科举制度，怨恨它让一批真正有才华的人名落孙山，而榜上有名的多是只会背八股条文的迂士。他们就决定不参加科举考试，不去做官，还在山坡上修了一个别致的小亭，取名为"远俗亭"，意思要与那些假学者彻底决裂、决不同流合污。

王阳明知道后，并没有赞扬他们的做法，而是教导他们说："吾非以一第为子荣也。顾吾之学，疑俗者半，子云京师，可以发明耳。"意思是说，并非科举就是为了当官，我的学说，怀疑相信的人各一半，你们去了京师，还可以到处讲授啊！

其实，这只是王阳明让他们去考学的借口，在王阳明心中有更大的人生哲学，这就是要以学术和教育来救国的愿望，"仆诚赖天之灵，偶有见于良知之学，以为必有此而后天下可得而治"，他叫弟子去参加科举考试，只有考上了才能当官，才有权力去救国救民，否则一介书生，又哪有本事让天下人信你、听你呢？

至于科举的腐败，光靠口头的抨击也不行，只有自己位高权重，才有能力去改良它！这才叫忍辱负重、志向远大。

当弟子明白了王阳明的意图，更是对恩师敬佩不已。

从正德十六年九月到嘉靖六年九月，王阳明专门从事教育整整六年。"花开花落，春去春回"，王阳明将自身的所悟所感点点滴滴传授给弟子。直到嘉靖六年九月，广西少数民族叛乱，王阳明才不得不停止教学，以残喘之躯带兵上阵，再一次充当了拯救明王朝危机的救火队长。

在这六年的时间里，王阳明培养了一大批才学卓越的弟子，如浙中的钱德洪、王畿、陆澄、黄宗明；江右的邹守益、欧阳德、陈九川、何廷仁；北方的大吉；南中的黄省曾；楚中的林信；泰州的王艮等，这些人后来成为阳明学派支系的开创人物，对于阳明学说的传播和发展起了重要作用。

在此期间，王阳明还写了许多篇著作传世，如《传习录》由原三卷增至五卷，《文录》四篇刊行，多篇理论著作如《稽山书院尊经阁经》《亲民堂记》等也广传于世。

王阳明的致学、应试之道

人的一生是学习的一生，而青少年时期的学习尤为重要。那么怎样才能用最短的时间掌握更多的知识，并且在学习中找到乐趣呢？

王阳明以为，学的第一步不是解决学什么的问题，而是"立志"。

志，是学习的内在动力，体现了一个人求学的目的与奋斗的目标。而王阳明所强调的志，是指修身养性，"为学成圣"，而决不是为了功名利禄。

王阳明非常推崇孔子、孟子、陆九渊这些儒家先贤的"大志"。

王阳明认为，立志是一方面，更重要的还要做到专心致志。"常立志"这几乎是每个人常犯的毛病，能否"立长志"，这是问题的关键。就好像一个喜欢诗文，一开始每天还能吟上两首，日子一长则心生厌倦，不能持之以恒，这正是受了外界诱惑的干扰。

如王阳明所说："初学时心猿意马，拴搏不定，其所思虑，多是人欲。"

那么人们在确立了志向后，怎样才能坚持不懈呢？王阳明的方法是，这个时候干脆放下书本，稍静一会儿，等到不胡思乱想了，再学习书本知识。所谓："务于切己处着实有功。前在寺中所云静坐事，非欲坐禅入定。盖因吾辈平日为事物纷拏，未知而已，欲以此补小学，收放心一段工夫耳。"

在王阳明看来，抛弃私心杂念是提高效率的关键。可是人不是机器，难免心中之事涌上心头，这时，最好的办法就是先静坐一会儿，等心静下来再专心致志地看书，这样效率提高了，又可以留下更多的时间去干别的事，这不是更好吗？

立志持久，就可以学到许多知识。但只有在"事上磨练"，才能将它真正掌握。王阳明说："人须在事上磨练做功夫才有益，若只好静，遇事便乱，终无长进。"

其实，这又牵扯到独立思考的问题，用王阳明的话说，叫"自家解化"。这是王阳明根据儒家"反求诸己""自求自得"和"学贵于思"的原则总结提炼出来的。早在春秋战国时期，孔子就教导学生"学而不思则罔，思而不学则殆""温故而知新""学而时习之"，这些言论都把一个人的独立思考放在了一个重要的地位，只有勤思考才有更多的收获，否则当知识积压到一定的程度，就像人的胃就会不消化，引起疾病。

王阳明也是特别重视学习中这种主观能动性的发挥，强调人独立的个性就是在思考中慢慢形成的。在这个基础上，才能达到"人人可以为尧舜""人人心中有仲尼"的境界。

除了一般学习规律，王阳明还对弟子们最发怵的考试提出了中肯的建议。

有一年，王阳明的爱徒徐爱要去参加科举考试，临行前非常紧张。王阳明看了他的样子不禁眉头一皱，这在考场上还不得乱了手脚。于是，王阳明教了徐爱四点秘诀考试备用，徐爱不仅不紧张了，而且正常发挥，榜上有名。

那么这四点秘诀是什么呢？

第一，考试态度要端正。不要把考试搞得像要上刀山、下火海一样，只把它看作平时学习成绩的一次检验。千万别把结果看得太重。用王阳明的话说："心重志分，非无益，而又害之。"人心不能二用，如果心中总挂着能否考好，既要惦记着得失，又要惦记着考试，注意力分散，就不能抓住题目、保持思路的通畅。什么私心杂念都不想反而好，只要你准备充分了，"一分辛苦"必定会"一分收获"。

第二，考试审题是关键。王阳明说："场中作文，先须大开心目，见得题意，即放胆下笔，纵昧出处，同气亦条畅。"因为古代科举考试只考作文，所以王阳明着重论述作文的审题。当然，考试中的任何科目无不是这样。放下思想负担，放开思路，运用平时的知识，考试怎么会考不好呢？

第三，考前的身心准备。王阳明说："将进场十日前，便须练习调养。"平时为了多学知识，常常通宵达旦，废寝忘食。到了考试前，就该改变这种晚睡晚起的生活习惯，每天鸡一打鸣就起来洗漱，然后精神抖擞地进考场。否则精神恍惚，哪有好的思路答题呢？

第四，考前保持平静心态。进考场的前两日不要再翻阅书刊，或者盲目猜题，而应当保持内心的平静。正如王阳明所说："每日只可看文字一篇以自娱，若心劳气耗，莫如勿看，务在怡神适趣。"

这就是王阳明的考试心理学，在一生中面临无数考试的中国学子，看了王阳明的这些开导，或许也会有些收获吧。

王阳明的教学之道

教学的过程中要想事半功倍，不仅要学生积极配合，老师的教课方法也至关重要。

一个好的老师，能抓住学生特点、寓教于乐，使学生对知识产生浓厚的兴趣。而有的老师却恰恰相反，他们或许责任心很强，每天加班加点，为学生布置了大量的作业，并且为学生批改作业直至深夜，然而效果却往往不尽人意，学生们都学成了"小木瓜"，对学习早已无兴趣可言。

由此可见，好的教学方法是通向知识殿堂的一条捷径。

心学大师王阳明对此有什么样的看法呢？

首先，王阳明认为教育要顺其自然，千万不可拔苗助长，要根据各人的"良知分限所及"来发展人性和知识才能。"良知"的发展与人的年龄阶段有着直接的关系，童子有童子的"良知"，成年人有成人的"良知"，老人有老人的"良知"。

王阳明常将人性的发展与成熟的过程比作树木的生长过程。

一个根深叶茂的大树也是先由嫩芽破土而出，长出枝干、叶，历经风吹日晒才长成参天大树。人就像树的生长过程一样，随着年龄的增长，身体的发育，智力也渐渐地发展。根据身心的发展水平，在不同的年龄阶段采用不同的教学方法和教学内容。

他还举例子说："若些小萌芽，有一桶水在，尽要倾上，便浸坏他了。"若对孩子过度的教育，就像有一桶水全倒在刚破土而出的小嫩芽上，不仅不会促使它生长，反而把它淹死了。

王阳明还认为，良知的发展水平并非完全由生理条件决定。即使相同年龄的两个孩子，身心发育相同，但还是存在着不同的个性差异。有的资质好的人，智力水平高一些，表现出来的才能和知识也就超出一般人的智力水平。于是圣人、贤人、常人、愚人的认识能力就各有不同，便有了"生而知之""学而知之""用而知之"的区别。

王阳明说："人品，力量，自有阶级，不可踏而能也。"也就是说每个人都有不同的个性，千万不要把它忽视了。

除此之外，每个人心中的"良知"还会受个人的"私欲"和习惯的影响，但是不论是谁，只要经过教育，"良知"都是可以树立起来的，都可以达到心灵的最高境界。

王阳明曾不无调侃地说："不是不可移，只是不肯移。"

既然人因为私欲，习惯等存在个性差异，那么又怎样去教育呢？王阳明认为要"对症下药"、因材施教。

王阳明的弟子来自于四面八方，出身于不同的阶层，有的是官宦子弟，有的是平民，又从事于不同的职业，每个人的性格、志趣、学习的目的都不同。

例如王阳明的得意弟子王艮、王畿从小就自命不凡，长大后气势不减当年，志愿安邦治国，要做一个敢为天下先的豪杰人物。

王阳明从学生的身上，仿佛看见了自己当年的身影，他时常对王艮、王畿说："今夫天下之不治，由于士风之衰薄；而士风之衰，由于学术之不明；学术之不明，由于无杰之士当为之倡焉耳。"王阳明层层分析，劝导学生要耐下心来研究学问，有报国救民的圣人之志，才能充分发挥自己的个性，向良性方向发展。

《年谱》中记载了一个故事，可以充分说明王阳明的因材施教。

王畿素来是一个自命不凡的狂士，但是对老师王阳明十分尊敬。一个炎热的夏日，王畿穿戴整齐、规规矩矩地坐在恩师的对面听王阳明讲解。因为穿得多，又不敢用扇子，汗珠从王畿的脸颊上一点一点流下来，穿的衣服也快被汗渍浸透了。

王阳明自己一边扇着扇子一边对王畿说，"你也用扇子吧！"

王畿毕恭毕敬地回答："有恩师在，弟子不敢。"

王阳明说："圣人之学，不是这等捆缚苦楚的，不是装做道学的模样。"王阳明提倡学习圣人的才华，而让弟子决不要拘泥于"假道学"的表面形式。

有一天，个性极强的王艮出游归来，王阳明问他："你出游都见到了什么？"

王艮故意以异常惊讶的语气说："我看到满街都是圣人。"

王艮说这个话，是话里有话。王艮拜王阳明为师后依旧非常自负、狂傲。王阳明多次说："人人都可以成为圣人。"王艮不相信王阳明的这个观点，他始终认为圣人那是高不可攀、非一般人可以企及的境界。

所以王艮故意说，"我看满街都是圣人"，实则讥笑王阳明的言论："您不是说人人都可以为圣人吗？瞧，那满大街的凡夫俗子都是圣人了。我就不相信天下会有这样多圣人。"

王阳明知道王艮的心思，借力打力："你看到满大街都是圣人，满大街的人看你也是圣人。"

这下王艮一时语塞，不禁尴尬地笑了："是的，都是圣人。"

王阳明点头说："对！人人都是圣人，谁也不比任何人差。"

嘉靖五年，钱德洪、黄正之等人进京赶考，并在沿途宣扬王阳明之说。

只见钱德洪往路边一站，双手插腰，便满嘴"孔子云""圣人曰"之类的言语。钱德洪原以为一定有许多人来听自己的圣人之道，谁知道只有屈指可数的几个人，听了几分钟，还纷纷走掉了。

钱德洪等大为沮丧，返乡后将这事告诉自己的恩师。

王阳明一听，笑着说："你们俨然一个圣人的模样去讲学，大家一见圣人来了，吓都吓走了，何况满嘴诗呀曰呀的，有几个人能听懂呢？"

此后，弟子王艮一反道学家正经八板的讲学方式，不是装着长袍拿着经典踱来踱去一本正经，而是像贫苦百姓一样身着粗布衣裳，甚至摆出稀奇古怪、荒诞可笑的"愚夫"模样，从一般人关心的柴米油盐讲起，慢慢深入到为人之道、为国之道。讲到高潮时手舞足蹈，逗得围观的人哈哈大笑，笑过之后，大家感到他讲得确实很有道理。

后来王艮讲学时，往往听者云集，很受欢迎。

因材施教也有许多具体的方法可以遵循。王阳明先后总结出点化法、启发式谈话法、实践法。其中的点化法更是王阳明多次使用，它并不直接讲解具体思想，而在关键时刻"一语道破天机"，使受教育者恍然大悟，这样传授的知识，形象深刻，易于被人所接受。

正德十年，浙江永康有一个叫周莹的年轻人，曾经跟随王阳明的学生应元忠学习过，后来感到有些问题还弄不清楚，便千里迢迢、历尽艰辛地专程去拜访王阳明，希望能具体学习心学之道。

王阳明问他应元忠先生都教了他些什么？

周莹回答："没有其他特别的话。只是每天教导我要立志于圣贤的学问，不要沉溺于世俗之学。"

没想到王阳明一听这话，认为他已经得到学习圣贤之道的方法了，自己已没有什么再可教他。

周莹不理解其中的意思，再三恳求王阳明一定要教他。

王阳明向他询问了旅途中的辛苦后，感叹地说："你这一路上，真是太艰难了。"

接着又问他："你这次来我这里，路途这么远而且十分劳累，其中的艰难险阻到这个地步，你为什么不返回去而一定要来我这里呢？有没有什么人强迫你？"

周莹说："我来到先生这里，投身于先生门下学习，虽然劳苦艰难，内心却真的感到十分快乐。哪能因为这点劳苦艰难就返回去，又何必等待别人来强迫自己呢？"

听到这番话，王阳明不禁抚须而笑："这就是我所说的你已经得到学习方法的原因。你有这种志向，一定要投入到我的门下，便无需任何人教你来的方法，不远千里，不辞辛劳，不管怎样也要来到这里。你有志于圣贤之学，用这种方法，还愁不能达到圣贤的境界吗？还要别人教你什么吗？你一路上舍船登岸，把路费留给仆人而自己去借粮，冒着毒暑而来到这里，则又是从哪里学到的方法呢？"

王阳明又说："既然你千辛万苦而来学圣贤的道理，这早已知行合一了呀！"

周莹登时领悟过来，倒头便拜："原来恩师已给弟子传授了学问的奥妙之处。"

王阳明的这一点化，实非比空口说教、讲大道理的效果可比。

王阳明的兴国治兵之道

王阳明不但不知疲倦地教导弟子怎样做人、怎样做学问，他还把视野投向了一个更广阔的空间——通过教育影响国事，走上励精图治的救国之路。

政治上，王阳明认为政治腐败的根源在于朝廷的腐败。

他说："今之大患，在于为大臣者外托慎重老成之名，而内为固禄希宠之计。忧世者谓之迂狂，进言者目以浮躁，沮抑正大刚正之气，而养成怯懦因循之风。"

皇帝如果用人不当，在身边养了一些阿谀奉承的小人，这些人狐假虎威、为虎作伥、拉帮结派，扩大自己的势力，诬陷、坑害忠义之臣。大权被这些人所垄断，国家怎么能繁荣昌盛呢？

那么，可以采用什么样的办法来根治腐败呢？

王阳明认为首先要从皇帝自己做起，不要每天"移志于骑射之能，纵观于游心之乐"，而不理朝政，使大权被宦官窃取，把国家弄得乌烟瘴气。

他在奏疏中就尖锐地指责明武宗："陛下在位一十四年，屡经变难，民心骚动，尚尔巡游不已，致宗室谋动干戈。今天下窃皇位者一宁王？天下奸雄岂特在宗室。"如果皇帝只知游山玩水，不为天下计，那么想篡权、做皇帝的人决不止宁王一个，如果群臣都有反心，那后果将不堪设想。

无奈当朝的封建皇帝听不进王阳明的忠告，反认为夺天下者唯有王阳明一人。这正是："良药苦口，忠言逆耳。"

为了一个人的爱好和欲望得到满足而劳民伤财，最受苦的是贫苦老百姓，没有吃穿，必然激起老百姓的反抗，人们不去偷不去抢，又怎么去生活呢？盗贼的增多，又怎能仅仅怪罪做盗贼的人？

此外，王阳明还提出了一套整顿边务，精兵简政的国防教育思想。

每次外出带兵打仗，王阳明总是发现边防军队的人不少，但擅长军事、有雄才韬略的人却寥寥无几。

于是，他向明孝宗上书《陈言边务疏》，提出了关于边防的建议。

要想让将士具有韬略统驭之才，王阳明认为必须改革武举和用人制度，建立新的军事教育制度。善于骑射搏击，富有雄才韬略，这都不是人天生就具备的，应着重加强后天的学习。

王阳明认为，可以不完全依照武举来选拔良将，那样会受时间空间的限制。可以把王公诸侯的子弟和有武学特长的人聚集在一个地方，让全国文武双全、德才兼备的人教授他们，白天学习书史骑射，晚上传授用兵谋略。然后每三年比试一次，优胜者才能被委任官职。

从这一点来看，王阳明的思想的确有"超前"之处，还在盛行选举武状元的明朝，王阳明就提出了要建立军事学校。可惜他的意见未被皇帝采纳，否则中国人很可能先于西方几百年就拥有了自己的"西点军校"。

为了让边防的士兵都具有很强的战斗力，王阳明还提出了一个一举两得的办法。

他指出"兵贵精不贵多"。边防废弛的真正原因不是边防军的人数不足，而是老弱病残的士兵太多了，这些人战时没有战斗力，平时却消耗大量的军用物资。他主张精兵简政，在军中仅选留"精健足用者三分之一"留守边防，其余三分之二撤回内地从事农业生产，为边防军提供充足的军用物资。

这样以来，边关将士有了竞争心理，刻苦训练，战斗力加强，后方又有充足的军用保证，大大节省了国家的军费开支。可见善于打仗的王阳明还不乏经济头脑。

要想让士兵一直英勇杀敌，就要有严明的军纪，鲜明的奖惩。王阳明曾指出："法之不行，自上犯之。"

为什么纪律不能自上而下一一贯彻？就是因为纪律不严明，将领带头不遵守。只有严于律己，将领带头遵守，才能给士兵一个好的榜样，让士兵从心底里佩服你，在战场上心甘情愿听你调遣，即使为国捐躯也毫无怨言。如果一个将领战前临阵脱逃，还指望着士兵英雄无比，这又怎么可能呢？

第七章

此心光明，亦复何言

王阳明的天泉论道

人生正如一叶扁舟在大海中航行，有秋高气爽，风平浪静；更有惊涛骇浪，水卷礁石。王阳明所碰见的风浪来势更凶，更猛。他正是沉着驾驶，在大风大浪中寻找生存的空隙，用自己深厚的人生体验，渊博的知识渡过一个个风险，跋涉在人生的航程中。

1521年，明武宗驾崩，明世宗即位。朝廷论功行赏，以王阳明为兵部尚书，又封新建伯。第二年二月，王阳明刚刚回到南京时间不长，他的父亲王华便因年老体衰离开了人世。

王阳明十分悲痛，他在此前的人生中，历经了苦难、奋争、委屈、辉煌，还没有来得及好好和父亲倾吐一番，父亲便永远弃他而去。素来孝顺父亲的王阳明哪里经受得了这番打击，又一次病倒了。病中的王阳明还喃喃地呼唤着父亲的名字；病中又梦回了快乐的童年，父亲曾给了阳明多少的教导，多少次逆境中的鼓舞。

四处为官的王阳明很少陪在父亲尽孝道，他在父亲的墓旁修建了一座朴素的小屋子，在三年的丁忧时间中一直居住于此，以尽哀思。

远离官场和世俗，这时的王阳明终于成了一个大闲人，不用再为国事公务操劳的他终于有时间和精力继续他在心学上的研究了。

从众人的不解到格竹的艰辛，从龙场的困苦到悟道的喜悦，经历了战火洗礼宦海沉浮，遍历风雨的王阳明这时心境上出奇得平静，他开始反思他的人生，以及他一生心血凝成的至高感悟——心学。

身在田园的王阳明过着不问政事、传道授业解惑的生活。他四处讲学，用人格魅力感染着每一个人。

树欲静而风不止，自平定朱宸濠叛乱之后，王阳明在朝野的声望非常之高，心学的影响力也越来越大。这年七月，御史程敏先、给事中毛玉在内阁首辅杨廷和的支持下上书年轻的嘉靖皇帝，弹劾心学乃是异端邪说，必须予以取缔，禁止心学的传播。

于是，在朝廷官方和学术界展开了一场大辩论。朝中支持的声浪和反对的声浪一波接着一波，甚至于在各级科举考试中，把探讨心学的对错作为题目，让考生们提出见解。

嘉靖四年（1525 年），王阳明的结发妻子褚夫人弃世。回想起两人婚后的生涯，王阳明长年在外为官，居无定所，好不容易夫妻团聚了，王阳明又把大量的时间和精力放在讲学上，妻子突然地离去让王阳明极感悲伤。

　　不知不觉间，王阳明在故乡讲学已有三年，根据古代的规定，三年丁忧之后便可以重新入仕。由于此前王阳明在北京讲学，在朝野人气很高，他的故友们纷纷上书嘉靖皇帝，推荐王阳明复出。如礼部尚书席书与王门弟子方献夫、黄绾纷纷在朝堂上力荐王阳明，席书更是说道："臣于本朝最为佩服的是杨一清杨大人，其次则非王守仁莫属。"

　　后杨一清被朝廷返聘重新出山，担任了内阁大学士。年纪轻轻的嘉靖皇帝十分想要见一见这个久负盛名、充满了传奇色彩的王阳明，便召见了王阳明。王阳明和皇帝二人一见相谈甚欢。嘉靖皇帝迫不及待想听听王阳明只身平叛的故事，王阳明则不但向皇帝讲述自己的经历，亦向皇帝宣说心学之要。

　　连续几天的召见之后，嘉靖皇帝开始了犹豫，他不知道把王阳明这样一个文武全才放在什么位置上合适。一方面推举王阳明的奏折一封接一封，有人推荐他担任兵部尚书，也有人推荐他任三边总督、提督团营等职务。

　　但与此同时，内阁首辅费宏因其不满王阳明的心学与传统程朱理学所说相左、分庭抗礼，坚决反对王阳明入仕，对所有关于王阳明的推荐"皆弗果用"。费宏是明朝历史有名的首辅和政治人物，他对于王阳明的反对，更多的是出于理念的不合，而非官场的竞逐，他的反对发生了作用。

　　不过，王阳明早已不把官场浮沉放在心上，一方面，和北京的朋友们谈笑风生便是一大快事，更何况，有机会将自己的心学向当朝皇帝尽情吐露，能影响到帝王，这更是难得的机会。

　　半个月后王阳明结束了自己在北京的行程打道回府。回到了家乡他便继续开始自己的心学大讲坛，带着弟子们纵情于山水之间，论道于丛林之中。就在王阳明享受着传道授业的无尽乐趣的时候，嘉靖六年（1527 年）王阳明突然接到了吏部的文件，他不但官复原职，并兼任都察院左都御史，总督两广军务。

原来就在这时，广西思恩、田州的少数民族地区发生了卢苏、王受为首的大规模民变。时任两广总督姚镆饱读读书，在带兵打仗却是个外行。朝廷需要让王阳明前去当救火队员。

此时的王阳明年事渐高，经过了大半辈子的奔波操劳，身体状况也不太好，对入仕更提不起丝毫兴趣。他上书举荐时任都察院金都御史伍文定和刑部侍郎梁才出征平乱，但朝廷方面不应允。

王阳明想了想，决定领命出征。责任感和使命感促使他不得不然。

五月，春夏之交的余姚风景秀丽，虽然昨夜亲朋好友们践行多喝了几杯，王阳明还是早早起来，踏着清晨的来到了自家的祖坟，青山环绕、流水潺潺，这里沉睡着他的爷爷王伦、他的父亲王华、他的妻子褚夫人。他久久地伫立于此，端端正正地礼拜。

他深知自己的身体状况，不知道此去一别还有没有归期。在作别了亲朋好友，他再次踏上了远去的征程路。

行至天泉桥时，他看见了自己最得意的两位徒弟——王畿与钱德洪。他们已经无数次地劝说老师不要出征，昨天已经无数次喝下离别的酒，但是，他们二人还是决定再送老师一程。

执手相看，万般滋味涌上心头。看着自己的恩师，两人一时不知说什么好。

王阳明微微叹了口气，打破了沉默："汝中（王畿字汝中）、德洪，我此次抱着残年之躯受命前往两广平叛，这是朝廷的命令和国家的需要。自经历宁王之乱，我一听闻哪处又起战事，心头都会浮现起尸横遍野的场景，以及无数流离失所的天下生灵。行善、去恶是我们本心中的良知所使然，我理应去顺从它，这也算是得偿所愿吧！"

王畿说道："老师的德行，弟子们怎会不知，只是为老师的身体忧心不已，不忍老师再去操劳。"钱德洪也说道："为善去恶是我们心学门人的本分，老师为我们做出了如此表率，弟子绝不会负老师的厚望。"

王阳明的脸上露出的些许笑容，他继续说道："所谓生死有命，我自知自己时日不多，心学的发扬与传播就仰仗二位了。"

王畿与钱德洪听到王阳明如此伤感的话语，不禁同时跪地不起、泪流满面，他们相顾无言，聆听着王阳明最后的教诲。

"对于心性之学，我一生为之用心，是时候做一个作结了，如今我有四句话要传授给你们，还望你们能够谨记于心，用心领会，日后发扬心学，为天下人谋福利。"

天地寂然，河风吹过桥头，夕阳把王阳明的倒影拉得悠长，此时此刻的他就像一座山一样，顶天立地。他朗声颂道：

无善无恶心之体，有善有恶意之动。

知善知恶是良知，为善去恶是格物。

这便是著名的"天泉论道"，这四句话亦便心学的四诀。王阳明以他一生的波折，把对世界的感悟留给了后人。

言语已经道尽，没有再多的别离。王阳明决然回身，踏上了征途。只留下弟子凝目远望着王阳明渐渐消逝在征尘中的身影，耳边似乎又响起了王阳明昔日的教诲，"天地虽大，但有一念向善，心存良知，虽凡夫俗子，皆可为圣贤！"

鞠躬尽瘁的广西平叛

明世宗嘉靖七年（1528 年），广西地区的少数民族又爆发了大规模的民变。地方官员的告急文书雪片般送到朝廷。

身处京师的皇帝明世宗急得一筹莫展，向广西已派兵三次，大将也派了五六名，却没有捷报传来，今儿不是这儿失守，明儿就是谁阵亡，这可怎样了得？

明世宗在愁眉不展时，突然眼睛一亮，想起了王阳明。明世宗传下圣旨，封王阳明为都察院左都御史，即日起率兵赴广西除寇。

此时的王阳明已五十七岁，过度的操劳已使他身体状况每况愈下。可王阳明仍勤笔不辍，传授弟子。一天晚上，早已是夜深人静，王阳明仍伏案写个不停，忽然一阵剧烈的咳嗽，王阳明只好停笔歇息。血，丝绢上分明是殷殷血迹，这已是第二次吐血了，王阳明只好请大夫来医治。大夫为王阳明开了一大堆中草药，临行前还千叮咛万嘱咐：千万别累着，多休息，否则将无药可医。

就在这时，王阳明接到了圣旨。去还是不去？按王阳明的身体状况，完全有理由禀明皇帝，在家养病。但心忧国家的王阳明还是扶病上马出发了。

据《年谱》介绍，王阳明带兵马行至南昌时，"父老军民俱顶香林立，填途塞巷，至不能行。父老顶与供唤入都司。先生（王阳明）命父老军民就谒，东入西出；有不舍者，出且复入；自辰至未而。"

南昌城沿途大大小小的巷子里全挤满了老百姓，叩拜王阳明。因老百姓太热情而军马不能前行。

嘉靖四年（1525 年）十一月，王阳明抵达了广西梧州，正式开始他两广总督的工作。

虽然身体状况堪忧，心系一方民众的王阳明依旧打起精神处理着各种繁琐的事务。当然，他此行首要的工作重心是平叛。

永乐年间，名臣张辅曾自广西平祥进兵讨伐安南（今云南北部）大获全胜，此后，大明帝国的西南疆域大部分时间里是相对安稳的，那么是什么原因导致了广西的叛乱呢？王阳明通过了解，渐渐知道了怎么回事。

原来，在广西有两个势力较大的少数民族部族土官，思恩地区的田浚与田州地区的岑猛。这两个部族间久有积怨，经常磕磕碰碰，爆发些小规模冲突。为了解决这一问题，以前的都察院都御史潘蕃曾率兵进攻思恩，把拒不服从朝廷管理、长期惹是生非的土官田浚抓来砍了

后来，两广总督姚镆干了差不多的事，他以颁发朝廷嘉奖的名义，把田州土官岑猛诱骗到总督府，然后涌上来一大群刀斧手。岑猛虽猛却也难以逃出生天，被姚镆就地诛杀。

这下问题闹大了，本来当地少数民族就对明朝政府有敌视心理，岑猛的老部下卢苏、王受二人这时便联合两州的少数民族兵马公开起兵造反。卢苏很快率兵攻陷了田州府，王受随后又攻陷了思恩府。

客观说来，姚巡抚和潘御史二人也是好心，想要采取擒贼先擒王的方式，彻底解决二州的不稳定因素，但方法也未免简单了点儿，手段未免粗暴了点，结果就这样激起了规模的民变。

　　弄清楚了事情的来龙去脉，王阳明便开始对症下药。

　　首先王阳明清楚一点：少数民族同胞起义，本质上是对明廷过激政策的本能反应，在主观上，并不是非要脱离明朝中央政府的管辖不可。三国时期诸葛亮征讨孟获，参将马谡提出了"心战为上，兵战为下"的方针，这个方针非常适用于在当时解决少数民族地区的问题。于是王阳明也决定以抚为主，以用兵征伐为辅。

　　王阳明给朝廷写了奏折、打了报告后，便率领四万官军前往叛乱地区。

　　大部队在南宁安营扎寨，这时，通行的广西巡按御史史石金主动找到了王阳明："王大人为平叛而来，平叛固然是一等一大事，然而平叛之后当地百姓如何生活也不得不考虑，下官觉得，叛军之所以敢与朝廷决裂，只是因为姚大人的良药下得太猛，老百姓一时难以接受。加之对官府多有误会故而谋反，倘若我们可以澄清误会慢慢开导，说不定可以取得很好的效果。"

　　王阳明闻言，感到英雄所见略同，禁不住夸奖道："广西有你史大人在，何须从江西把我这个老头子千里迢迢叫过来呢？"

　　随后王阳明制作了很多传单散布当地，传单的内容是，王阳明奉旨前来平叛，为了不伤民族之间的感情不使本地生灵涂炭，希望叛军接受安抚。

　　宣传单很快就传到了叛军头目手中，卢苏看了后找王受商量："这个王守仁是何方神圣，与之前的那位姚总督比怎么样？"毕竟前任两广总督姚镆真拿他没什么办法，所以卢苏还是有些骄傲的资本的。

　　王受却闻言大惊："王守仁来了？"

这个王受以前曾在中原行走，听说过王阳明的大名。他绘声绘色地给卢苏讲王阳明的故事，讲王阳明如何善于用兵，在赣南横扫土匪山寇，又讲到王阳明在鄱阳湖火烧敌船、平定宁王之乱，讲的时候卢苏的脸上已然写满了敬畏。

结果，二人思来想去，觉得自己肯定不是王阳明的对手，既然王阳明有意招安，不如见好就收，乘机提一些对当地人有利的条件。

很快，卢苏、王受使人携带着密信来到了南宁交给王阳明，信上说，自己率众谋反不过是迫于形势，为了给少数民族谋一条生路，免遭朝廷官员的欺压和盘剥；素闻王大人英雄贤德，只要朝廷愿意减免当地的赋税与徭役，他们愿意率众归降。

王阳明见信非常高兴，当即回信要卢、王二人亲自前来南宁府谢罪，其他的一切要求只要在他两广总督的权限范围内都尽可能满足。

要说卢苏与王受两个人也确实是汉子。虽有旧主岑猛被姚总督诱杀的前车之鉴摆在那里，但二人为了部族的长远计，还是和家人、手下交代了后事，只身前往南宁。二人来到南宁后，效仿廉颇负荆请罪，光着膀子把自己捆得严严实实，走进了王阳明的军帐。一路上，他们看着王阳明统辖下的明军军容齐整，敬畏不已。

来到王阳明面前，王阳明板着脸开始训话了："你二人可知犯上作乱该当何罪么？"

两人一时紧张得不知道说什么好，王阳明继续说："按大明律，犯上作乱乃谋反罪，其罪当处凌迟！"这话杀气腾腾，王受听了跪拜于地，口称王大人饶命王大人饶命；卢苏见状，反而站得笔直大声喝道："大丈夫要杀便杀，只求王大人不要牵连我的族人。"

王阳明闻言当即传令："来人，把这二人拉下去打三十大板！"

这下大家都无语了。王大人说了这么大一通话，刚才还要杀要剐，最后也就挨三十板子，卢苏和王受晕晕乎乎地被拖下去打了三十大板，估计也没真打，然后又被带进了中军帐。二人倒很识相、很配合，跪地齐呼："谢王大人不杀之恩。"

王阳明亲手扶起了二人，说道："不用谢我，我只是依律办事罢了，我今天免你们二人死罪，是因为朝廷有好生之德，且敬你们的这份血性；打你板子是因为你们冒犯天威，不尊当朝，如今一切皆以了解，请你们相信王某，一定会让我辖区内的百姓过上太平日子。"

如此软硬兼施之下，卢苏和王受二人心悦诚服，立即回去安抚部下。为了表示诚意，王阳明亲自和二人一道前往部族安抚，大家纷纷表示愿意回归朝廷，从此不再叛乱。

一场民变就这样平息了。

为了兑现自己的承诺，王阳明特意上书朝廷，把田州的东部划分出来设立一个新州，由被杀的岑猛次子岑邦相担任知州；在思源设立十九个巡查站，让卢苏和王受担任官职负责当地的治安，提出了土官、流官共同治理的新方针，这些措施可谓因地制宜，很有利于边疆少数民族聚居地区的管理与发展。

解决了两大部族的叛乱，王阳明决定把救火队员当到底。断藤峡、八寨等地盘踞着大量的土匪，王阳明采取特种部队偷袭的方式，步步进剿，在短短的一个月内，将盘踞在此几十年之久的土匪们清理完毕。王阳明的广西剿匪也告功德圆满。

英雄的落幕——此心光明，亦复何言

王阳明是一个负责任的人。平息了民变、剿灭了匪患，王阳明并不就此满足，为地方的长治久干计，他一如既往地投身到他认为最重要的一项工作——推行圣教。王阳明在当地兴建学堂普及教育，教导当地少数民族学习文化，使儒家文化与心学思想生根发芽，把传统道德观念印在当地老百姓的脑海。

思恩和田州地处偏远，和贵州龙场一样是朝廷流放官员的地方，王阳明利用自己的声望，聘请了大量被贬至此的汉族官员发挥余热在当地普及文化，极大缓和了当地可能发生的官民冲突。

嘉靖七年（1528 年），年老体衰、身患肺炎的王阳明实在是撑不住了，他上表朝廷请求辞去自己所有的职务，返回故乡

这时的王阳明越是油尽灯枯、大限将至，就越希望自己早早回到故乡，他再次上书请辞并推荐郧阳巡抚林富接任自己的职务。

可是，当王阳明数次上书明世宗请求班师回朝时，这时的明世宗却迟迟不予允准。这里面的原因确实是微妙的。

站在朝廷的立场上，以王阳明的才干，当然希望他能继续为朝廷效力，发挥自己的才智平定地方；另一方面，王阳明一生名震四海、功在社稷，这样的赫赫功勋，不但对当朝的一些文武官员是一种无形的威胁，就连皇帝本人也未免隐隐会有些不安。果不其然，在得知王阳明于旅途中去世后，当朝非但不以功论，反以擅离职守问罪。这是后话。

王阳明见皇帝迟迟不传圣旨，心中早已明白了八九分，干脆不等圣旨下达，就毅然决然地和同事交接了工作，提前踏上了回家

的路。

从哪儿来，到哪儿去，此时此刻的王阳明褪去了所有的光环，他不再是伟大的哲学家、军事家、政治家，此时此刻的他只是一个垂暮之年的老人家。他渴望回去，在那个山清水秀的地方为自己一生的漂泊划上句号。

从南宁乘船出发，路过乌蛮滩时，他赫然发现岸上有一座寺庙，匾额上苍劲有力的大字写着"伏波将军庙"。王阳明心中猛的一颤，年少时自己在北京拜谒马援时的场景顿时浮现在眼前。

王阳明迈着沉重的步子一步一步上了岸，走进了庙里。眼前的陈设跟当年是何曾的相似啊，时间仿佛又回到了过去，自己又仿佛变成了那个年少轻狂意欲出居庸关为国家靖难的翩翩少年。王阳明感慨万千，老泪纵横，他写道：

> 四十年前梦里诗，此行天定人岂为？
> 且征敢倚风云阵，所过如同时雨师。
> 尚喜远人知向望，却惭无术救疮痍。
> 从来胜算归廊庙，耻说干戈定四夷。

四十年前的梦里的事，此时此刻成了眼前的场景，一切似乎是天意的安排。自己戎马一生确实为国尽力，也确实没有辜负少年时代的梦想，然而却又惭愧自己没有能力真正地让老百姓过上好日子。已经做得如此优秀的他尚且对自己如此的苛责，让后人每每想起都会感慨万千。

王阳明一行沿着水路行至江西南安的青龙铺。终于到了南安，眼看距离家乡不远了。心学门人南安推官周积闻讯立即赶来拜见老师，他满含着泪水看着自己老师，不停地敦促船工全速前进。

嘉靖八年（1528 年）阴历十一月二十八日夜，王阳明从一个美的出奇的梦中醒来，他问身边的一个弟子："到哪里了？"

弟子回答："青龙铺（今大余县青龙镇赤江村）。"

王阳明又问："船好像停了？"

弟子回答："在章江河畔。"

王阳明笑了一下："到南康还有多远？"

弟子回答：还有一大段距离。

王阳明又是一笑，恐怕来不及了。

他让人帮他更换了衣冠，倚着一个侍从坐正了，就那样坐了一夜。第二天凌晨，他叫人把周积叫进来。周积匆忙地跑了进来，王阳明已倒了下去，很久才睁开眼，看向周积，说："我走了。"

周积无声地下泪，问："老师有何遗言？"船里静得只有王阳明咝咝的呼吸声。

王阳明用他在人生中最后的一点力气向周积展现了一个微笑，说："此心光明，亦复何言？"

王阳明死得平静，从容。

这平静与从容是在对人生的领悟，是对一生没有虚度的满足。

是啊，"此心光明"，说起来容易，做起来却很难。

从少年时起，勤读诗书，立下大志，后被人陷害，龙场三年吃尽人间之苦，身心俱受打击，可"塞翁失马，焉知非福"，龙场悟道受用一生；后频频得志，威震天下，深受万民爱戴，波折与荣誉共生。

从守仁格竹到龙场悟道，从江西剿匪到平定叛乱，从回乡传学到再出乡关，从天泉论道到此心光明。传奇的王阳明走过了他传奇的一生，他曾是上天的弃子，亦成为上天的宠儿，他在误解中迎来了尊重，他在尊重中迎来了永恒。

这一生没有虚度，别人做不到的事，王阳明做到了。正因为了无遗憾，才能从容不迫地面对死亡，才能在临死之前，平静地说："此心光明，亦复何言？"

人的一生只有一次，就如历史长河中的一个小浪花，匆匆来到又匆匆消逝。就是在这"匆匆"之间，碌碌无为的人，未激起历史长河的半点涟漪；利欲熏心的人，留下万古骂名。而那些人勤学苦读、信奉圣贤之道的人，过完了自己奉献的一生。当有一天必须面对死亡时，他们笑着接纳，从容面对。

王阳明死了，坦然地走向另一个世界。

大明朝上到宰相徐阶，下到普通村夫、盐丁都悲痛欲绝。

在明世宗嘉靖八年（1529 年）十一月十一日，王阳明的灵柩葬于洪溪的那天，数以万计的人从四面八方赶到了这里，哭声震山谷，有的人因悲痛欲绝竟然昏死过去，人们悲伤于上天的不公，为什么善良刚正的人却早早离开了人间。

春秋时期鲁国大夫叔孙豹曾说，圣人必须要做到三不朽，方可称得上圣人，"太上有立德，其次有立功，其次有立言，虽久不废，此之谓三不朽。"简而言之，就是"立功""立德""立言"。

所谓立德即指要有高尚的道德情操；立功是指为国家建立卓越的功勋；立言便是提出具有真知灼见的理论，三者皆备方位圣人。

王阳明不计较个人得失，成为正人君子的典范，自然满足了立德的标准；只身一人平定宁王之乱，无数次出征荡平匪寇，于国家立下了不世之功，满足了立功的标准；创立心性之学传之后世，满足了立言的标准。

王阳明年少时的梦想终于化为了现实，一登神坛成为圣贤，而且，他不仅仅使自己成为圣贤，还告诉了世人，"人人皆可为圣贤"。

王阳明的门人、挚友黄绾，专门写了下文称赞王阳明：

> 公生而天资绝伦，读书过目成诵。少喜任侠，长好洞章仙释，既而以仙道为己任，以圣人为必可学而至。实心改过，以去以之疵；奋不顾身，以当天下之难。上欲以其学辅吾君，下以其学淑吾民，倦倦欲人同归于善，欲以仁覆天下苍生，人有宿怨深言，皆置不较。虽处富贵，常有烟霞物表之恩，视千金犹如土芥。锦衣玉袍，大厦穹庐，视之如一，真所谓天生豪杰，挺然屹立于世。求之近古，诚所未有也！

黄绾的祭文，是对王阳明一生最生动贴切的写照。

噫！此心光明，亦复何言！

尾声：门徒遍天下，流传逾百年

明王朝在王阳明逝世（1529年）之后，曾一度将心学定为"伪学"，并禁止天下学子讲习。但王门弟子不为所动，特别是在王阳明龙场悟道和最早讲学的贵州地区，黔中王门弟子更是建立了天下王门最早的阳明书院。他们还重修了龙岗书院、文明书院，新建正学书院。在当时全国禁毁阳明心学的背景下，黔中王门弟子率先掀起了以四大书院为中心的心学讲学运动，表明阳明心学在贵州已经完全深入人心。

至明代嘉靖、隆庆年间，由于王阳明众多弟子掌握朝廷和地方大权，朝廷官方最终恢复了王阳明的爵位，准许传播心学。阳明心学成为一股巨大的思想潮流遍及海内。

心学所及之地，上至高官学者、下至贩夫走卒，人人皆畅谈心学。故《明儒学案》称："门徒遍天下，流传逾百年。"

第八章
王阳明在东西方的影响

阳明之光照耀下的神州

王阳明的心学在明代中叶横空而出，就像一个力量硕大的"劈山神"，一斧子下去，一直束缚人们心灵的封建僵化的伦理观念就开始动摇了。

王阳明的"人皆可以为尧舜""个个心中有仲尼""满街人都是圣人"，这几句话犹如炎夏里一股清凉的风，首先吹拂了明代中后期的政治、学术领域。

在政治上，针对当时官场腐败、道德伦丧的现状，有王阳明思想的许多人敢于大胆进言，指责世道的不公。关心政治、建议变革的人形成了一股强大的洪流。尤其是王阳明教导弟子，不去逃避现实，要"知行合一"，在事功之中去拯救国家、拯救百姓。所以阳明学派的许多弟子都直接参与政治管理，其中心学弟子徐阶竟然官至宰相。

王阳明的弟子祝世禄在保宁县任知县时创建了一个很大的书院——环古书院，经常请东林党人来讲学，并且公开声明：对于"朝廷得失"和"官府长短"都可以议论评判。这在明朝中后期，无疑为社会注入了生命的活力。

在学术方面，王阳明的思想更是开一代新学风，跳出了几千年来的条条框框，追求个性的体现，描写最真实的现状。

以写《牡丹亭》而出名的汤显祖，他在性格上狂荡不羁，鄙视功名利禄，而追求个性自由，又颇具有"天不怕，地不怕"的江湖义气，另有写下怪异荒诞的"三言"（即《喻世明言》《警世通言》《醒世恒言》）而有名的冯梦龙都深受王阳明的影响，往往沉醉于王阳明的著作中百看不厌。他们的作品从过去那种只写伦理道德、功名利禄的题材转向描写、揭露现实的作品。在他们的作品中，主角不但有帝王将相、才子佳人、英雄豪杰、忠臣节妇、孝子贤孙，那些过去不值一提的手工场主、形形色色的商贩、市井游民、歹徒无赖也都粉墨登场。现在看来，我们能读到明朝中后期活泼生动、精彩绝伦的文学作品还要多亏了王阳明在思想上对文人志士的影响。王阳明以及阳明学派的这股清凉之风不仅在明代风靡一时，流传百年，而且越刮越浓，席卷了清朝乃至当代。

清朝初期，因为王阳明的学说多与统治者的统治格格不入，便被统治者给冷冻起来，不准流传，而把僵化的程朱理学又加了些修饰，搬上了政治的舞台。

到了清朝末年，国势微弱，列强打开了中国的大门。无数爱国志士意识到，中国不但在物质文明上落后于西方，在精神文明也缺乏一个有力的武器，他们跳出了程朱理学的框框，拣起了阳明心学这个强有力的武器。

王阳明与近代中国

中华文明为什么落败了？传统的中国社会，它是有健全的社会规则、道德文明的社会，是一个文明完备成熟的社会，而不是一个落后蒙昧的原始社会，此外，它是一个有活力的、善于吸纳先进文明的社会。换句话说，中国在历史上的辉煌，与中国人的哲学、中国人精神文明的先进是正相关的。

到了清代，民族矛盾往往成为最敏感的话题。发展出优秀文明的汉文化在这个时候被压制和阉割了，聪明、谋略、智慧都被极大的压抑。有清一代的思想文化上更趋于保守、守成，而非发展性的。

但是历史阴差阳错、历史不容假设。在近代的中国同时面临了几重矛盾，国内的民族矛盾、国外的民族矛盾、走向现代国家过程中的政治经济近现代化变革的矛盾。这与中国的近邻日本形成了对比。日本历来是一个单一民族的国家，有着较为统一的民族意志和较为单一的民族性格，所以更容易进行一刀切式的变革。相比之下，中国的地域差异、民族差异更大，变革图强所要面临的问题更多更复杂。

不过地域差异、民族差异，也使中国的文明形成了高度的包容性，这又是单一制的民族国家所不能相比的，也是中国文明的一大优势。中华文明总是能吸纳和同化外来的文明，这是为历史所验证的。相反的，中国人在海外，不容易融入当地文化，这是中国文化顽固性的一面，也恰恰体现了中国文化有魅力的一面。

近代的思想家蔡元培曾提出，中国正是在古代吸纳了印度文明，增加了养份和文明的生命力，只是到了近代，缺乏新的文明养分，这是有道理的。

西方国家之所以主导了近现代的世界历史，一方面是西方国家率先实现了近、现代化，另一方面，西欧历史是一个多民族国家并立的地区，所以在历史上很早形成了国家间竞争合作的规则，又进一步引领了全球化政治共存规则、规范的形成。

维新运动的代表人物康有为看到王阳明学说不仅切合当时社会的情况，而且一些思想与西方先进的政治民主精神、提倡重视自然科学的学风不谋而合。于是在广州万木草堂讲学时，研究王阳明的思想，信奉王阳明的"致良知"学说，甚至用王阳明学说中的"不忍"二字作为独办刊物的名字。

康有为的弟子梁启超也是精通王阳明学说，早年在湖南时务学堂讲学时就是讲解王阳明的修养论，后又写了《王阳明知行合一之教》一书，以发扬王阳明的哲学思想。虽然维新变法以失败而告终，但是他们对革命的探索却是大有成效的。

维新变法之后，孙中山在接受欧美政治思想的同时，对中国的传统文化也给予了重新的认识与检讨，他在"知行合一"的修身论基础上，总结出了"知难行易"论。面对当时救中国的条条荆棘之路，他提出了先要知，要找到一条最适合中国人走的路，再去行。他的"知难行易"论在精神上与王阳明的"知行合一"融会贯通，以鼓励革命者不断前进。

毛泽东早在少年时期通读过《王阳明全集》《传习录》等记载王阳明思想、言论的著作，并且逐条地加以批注。从王阳明的思想中，毛泽东领悟到了"变"的奥秘、"发展"的重要性。

千古两完人——王阳明和曾国藩谁更完美些？

有一种流传很广的说法，中国历史上达到"立德、立功、立言"三不朽标准的只有两个半人：孔子、王阳明、曾国藩算半个。对比王阳明和曾国藩两人，大概有利我们更深刻理解王阳明在中国文化、中国思想史上的地位，以及阳明心学的价值。

先对王阳明和曾国藩两人做一个简单的对比。

王阳明：

立功——多次替朝廷平叛，从无败绩，乃明杰出军事家。

立德——提出致良知，知行合一，而且桃李满天下。

立言——创立与程朱理学分庭抗礼的心学，成为儒学又一宗。

曾国藩：

立功——打败太平天国，为大清挽狂澜于既倒。

立德——以儒家为宗，每日修身养性，砥砺自律，戒骄慎独。

立言——有《曾文正公文集》传世。

王阳明故居的楹联，是后人对他一生的总结：

　　　　立德立功立言真三不朽明理明知明教乃万人师。

对于曾国藩，后人也以一副对联对他总评价：

　　　　立德立功立言三不朽为师为将为相一完人。

王阳明的天资异于常人，被认为是几百年难出一个的奇才。而曾国藩则以中等之资，凭着吃得苦、耐得烦，开出了一片夹缝中的天地。后人对两位巨人的评价都很高，都说是真三不朽。但是相对来说，王阳明是公认的真三不朽，而曾国藩是两个半完人中的半个。

与曾国藩相比，王阳明很有自己的特点。其中最为突出的是，曾国藩的思想是为其做官服务的，"怎样做官""怎样做大官""怎样做稳官"始终是其考虑的核心问题，他的为民、忠君等都是为这个目标服务的，这多多少少显得有一些"世故"。

而王阳明不同，他是"理想主义"的。王阳明有自己的社会理想，对个人、国家、历史、社会等都有自己的看法。他的做官就是为实现自己理想服务的。当做官与这个理想有冲突的时候，他会毫不犹豫地选择后者。

所以，从本质上讲，王阳明是个读书人，曾国藩是个官员。曾国藩和王阳明都曾镇压过农民起义，两者都属于忠君行为。但王阳明的举动，更多地为安定社会秩序，而不是让皇帝坐稳皇位，这与曾国藩死抱着清朝皇帝大腿是有着很大不同的。

王阳明与曾国藩都是聪明人，但两人也还是有很大不同。

曾国藩做官堪称老谋深算，不到关键时刻绝不出手。但是，这仅仅是官场上的老谋深算，而不是日常所说的聪明机智。

王阳明在处理公务方面是个聪明人，在待人处事上是个机智人。他担任赣南巡抚后，首先找到当地的"老吏"了解情况。他用兵也讲究出奇制胜，一生用兵从无败绩。在发现有人盯梢后，他机智地用"自沉"的办法予以摆脱。这些谋略，都不是曾国藩所具备的。

当然，王阳明做官上也不那么老谋深算。因为他从来就没有把当大官当成人生目标，也不会为了做官舍弃自己的理想和思想。嘉靖皇帝上台后，曾对王阳明表示了充分肯定，这个时候，只要他在嘉靖抬高自己父亲名份的"大礼仪"之争中，表示臣子的起码忠诚，王阳明的显赫前景是指日而等的。虽说向嘉靖皇帝表示效忠既是臣子之责，也与他的心血理论相一致，可是，王阳明没有这样做，而是故意表现出了书呆子知识分子的"傻气"，从而使自己保持了知识分子的个性和独立人格。这一个性和独立人格使他得以名扬千古。这就是王阳明的"聪明"。

比较王阳明与曾国藩，可以说，一个人想追求什么，直接决定了他们的行为。

王阳明是个有自己理论体系的人，而曾国藩没有。

王阳明成功地建立了自己的心学体系。他对世间万物都有了自己的看法。曾有学生问他，为什么圣人那么聪明，好像什么都知道。他回答，是因为圣人掌握了理。王阳明能够解答那么多世间难题，也是因为他掌握了理。就是在他看来，万事万物由心而不动。心不动，则一切都不存在，也对心之主无意义。所以，没有必要去追求远方的东西，也没有去追求虚无缥缈的东西。名利之类，都是身外之物。又何必让心为之累呢？得到了名利，改变了内心，未必能有快乐。这就使得王阳明始终能按照自己的理解去做事情，做一切事情都心安理得，对待任何屈辱都处之坦然。

王阳明还提出，圣人之道，内心自足。这就要求人要获得圣人的境界，不需要去读四书，也不要去抄袭古人，更不要盲目照抄上级，而要根据自己内心的良知，用自己的去实践回答，去探求。良知藏于内心，只要自己愿意找，就能越找越多。既然只要愿意找，都能找到，那就人人都可以为圣人。这就高度重视了实践的作用。所以，王阳明的学问是重视实践的学问。

按照王阳明的理论，人人都会充满自信（因为人人都能成为圣人），人人都会高度重视行动。这就使得王阳明的学问有了根基，有了行动力。纵观王阳明一生的行为，可以说，构建完整的思想体系，始终是他的目标。这很有些知识分子的痴劲。

相比较王阳明，曾国藩的一切思想都来自或者说继承自前人和当世圣人。比如，曾国藩的"静"字功夫来自倭仁；曾国藩的"谦退"，则来自道家思想。曾国藩初建团练时，秉承的是儒家思想，在家书中表达的勤俭节约思想也来自中华民族的传统美德。纵观曾国藩一生的思想，独创处很少。

不过，曾国藩的成功之处，在于将各家思想糅合在一起，形成自己的世界观、人生观与价值观。这也是难能可贵的，是当时其他人所做不到的。

为什么曾国藩不能有自己的独立思想，而王阳明能有？这是王阳明与曾国藩的出发点不一样。

曾国藩的脑子里总是存在着光宗耀祖的观念，他是为了做官而为贤，有一点异端想法也会自觉摒除的，生怕给自己家族带来灾祸。因为"官"，使其不敢思考，不能思考。因此曾国藩能在攻陷天京后对五十多万无辜之民大开杀戒，以至"……号叫之声惨不可闻，自卯至午，歼除净尽……尸骸堆积，流水腥红"。不能不说这是他的一大缺憾，所以只能算半个圣人。

而王阳明从小就有做圣贤的抱负，以天下为己任，他是为实现自己独立的人格、实现自己的理想而为官，他首先是为民，而后才是忠君。在军事上也比曾国藩自信得多,有"破山中贼易,破心中贼难"的豪言。他平叛时举重若轻,以安抚为主,只惩首恶,属从不究,军事之后重视建设生产、兴办教育、减税减赋、休养生息。也因此,后世评价他是:心学之祖,四家合一,完人型全才,无争议的入世圣人。

阳明心学在东方

自汉唐以降直到明末清初,中国是东方世界的中心。不但是政治、经济的中心,还是东方世界的文明中心,中国人中的贤哲同样也是整个东方人民的灵魂导师。但是,从明际以后,中国在世界上迅速落伍了。

不过,就在明代,还是出了一位影响东方乃至世界的大思想家,这就是王阳明。

阳明心学早在王阳明在世时就传到日本。阳明心学在日本的传播可分为三个阶段:

第一阶段为16—17世纪,主要代表人物有了庵桂悟、中江藤树、熊泽蕃山。了庵桂悟(1424—1514)是日本著名高僧,他以80多岁的高龄亲自到浙江拜访王阳明,并将心学著作带往日本,可惜很快去世。其后的学者中江藤树、熊泽蕃山继续研究和传播阳明心学,形成了著名的中江学派。

第二阶段是19世纪中期,代表人物有大盐中斋、佐久间象山、佐藤一斋、横井小楠、吉田松阴、高杉晋作、西乡隆盛等,他们以阳明心学为旗帜,要求推翻腐朽的幕府统治,最终发动武装倒幕运动,为日本"明治维新"奠定了基础。

　　第三阶段是 19 世纪末 20 世纪初，以伊腾博文、东乡平八郎为代表，他们一方面学习西方先进知识，一方面将阳明心学作为思想动力，掀起"明治维新"运动。作为日本海军大将的东乡平八郎，甚至将"一生俯首拜阳明""阳明门下走狗"制成牌子，随时挂在身上。他率领日本海军在十年之内（1894—1904）打败大清帝国北洋海军和俄罗斯帝国远东舰队，日本迅速崛起成为亚洲和世界强国。

　　1904 年，日俄战争刚刚结束，日本天皇就立即派出皇家代表团，由日本宗亲岩原大三、日本东宫侍讲文学博士三岛毅，偕驻中国武官高山公通等一行共 6 人，前往贵州瞻仰阳明遗迹。三岛毅题诗并勒石成碑，诗云："忆昔阳明讲学堂，震天动地活机藏。龙岗山上一轮月，仰见良知千古光。"该碑竖于贵阳东山阳明祠，"足以表海外景仰之意"。

　　日本"明治维新"成功和皇家代表团的"阳明朝圣之行"，对中国产生极大震动。中国青年纷纷"以日本为师"，努力探求日本强国之道。这时，谭嗣同、章太炎、宋教仁、陈天华等近代中国历史上的著名人物开始纷纷研究并"服膺"阳明心学。他们有的还亲自前往日本留学，学成归国后活跃于中国社会各界，成为辛亥革命前后和民国时期的著名人物，极大地推动了中国社会的转型和发展。

　　王阳明学说开始在日本的流传也非一帆风顺，但慢慢地，王阳明学说找到了适合它生存、发展，甚至壮大的土壤。日本人讲求效率，更愿意学习直截了当的理论，而王阳明学说正具备这个特点；日本人更注重事功，学一尺就想用一丈，而王阳明正是把知与行融为一体，即重视知更强调行，可以直接用于社会，产生大的社会效应。

日本人研究王阳明，不像中国后来的各家学派，其虽不善于理论的精细分析，只要能用，不管是王阳明学说，还是与之相反的程朱理学，都统统拿来用。于是，王阳明的经典著作《传习录》在中国才整理完毕不到一百年，在日本就正式刊印了。在此之前，《传习录》和《王阳明全书》就早已流传。阳明学在日本还分了许多学派，像以熊译蕃山为代表的事功派、以渊冈山为代表的内省派都开始潜心钻研王阳明的著作。

日本明治维新是在幕府的黑暗统治和英、美、俄入侵日本的双重压迫下，大久保利通等下层武士推翻幕府政权，建立明治政府，从而实施了一系列资本主义的改革，不仅赶走了外国侵略者，还使日本由封建社会顺利过渡到资本主义社会，国富民强，走上了繁荣昌盛的道路。

在明治维新以前，日本国家政权主要由幕府来掌管。自从1603年德川幕府的建立，结束了日本各国纷争的局面，幕府的将军就成为日本最高统治者，连天皇也不放在眼里，经常在政治、经济上制约天皇的行动。作为最大的封建领主，幕府把自己领土以外的土地分给260多个大名（大名相当于我国古代的诸侯）。大名和将军以下的家臣都叫做武士。武士主要负责保卫工作，农民则成为最主要的剥削对象，完全被束缚在土地上，没有任何自由，每年除交纳40%—80%的收成为年贡外，还要交纳各种苛捐杂税，负担各种劳役。

随着幕府统治的深入，对农民和城市居民的剥削越来越重，往往辛苦一年的收成还不够交年贡、杂税，人们几乎无法生存下去。

下层的武士也生活艰难，社会地位低下。他们心中的怨气在一点点积累，"不在沉默中爆发，便在沉默中灭亡"。他们在急切地寻找能让他们反抗成功的思想武器。渐渐地，他们发现阳明学说中有许多可以借鉴之处。

阳明学说崇尚人人有"良知""人人可以为尧舜"，这无疑为推翻封建等级的围墙提供了依据；王阳明学说提倡的"知行合一"鼓舞人们不仅要知更要行，正适合反抗中的勇往直前。日本人在用阳明学说寻找思想的武器，也在潜移默化中，根据日本的国情在改造着阳明学说。

阳明学说中最重要的原是"致良知"的修性修养论，而到了日本，占主流的却是"知行合一"，这正符合日本人注重事功，经济实务，勇往直前的心态。1837 年，日本农民和市民联合起义的领导者大盐中斋，虽然他也讲王阳明的"四句教"，但他却把一种思想变为号召群众起义的革命口号，使阳明学说由"破心中贼"的武器变成鼓动"山中贼"起义的旗帜。

阳明学说崇尚教育治国，这对日本产生了很大的影响。日本的教育者不仅让明治维新的精英具备王阳明的思想，也让这个曾被看作"异端"的思想广泛深入地渗透到社会的各个阶层。农民、医生、市民都对王阳明思想非常了解，甚至了解程度超过了中国人。

日本的领导人更是用阳明学说来治理国家，就如明治维新的开国元勋伊藤博文、井上馨都是日本阳明学大师吉田检阴（1830—1859）的得意弟子；有对阳明学说研究颇有造诣的安冈正笃，从中年起就成为日本各届首相的导师。日本工商界的领袖、社会精英也经常邀请安冈正笃去讲学，把阳明学说与日本的经济、政治、企业管理紧密结合起来。

在当今日本，最推崇王阳明的是被称为日本经营之圣的稻盛和夫。在稻盛和夫的经营哲学中，到处是王阳明良知学说的影子。

稻盛和夫曾说："我的家乡出了两位对日本近代史的明治维新做出过很大贡献的人物，他们就是西乡隆盛和大久保利通（明治维新三杰中的两位）。我非常喜欢西乡隆盛，他对中国的阳明学说有相当高的造诣。他曾经两次被流放荒岛，每次流放总会带上阳明学。他经常说，如果是施政的话，必须是那些不谈钱财、不求回报甚至能够舍却生命、忘却自我的人。"

当日本在近代史上成功地进行了"明治维新"后，它的野心就像打足了气的球迅速膨胀，将贪婪的眼睛盯向了近邻朝鲜，乃至于中国大陆。

1876 年 2 月，日本强迫朝鲜签订《江华条约》，除鉴山外，再开元山、仁川为商埠（通商的口岸），享有领事裁判权，当然日本人的野心却远远不止于此。与此同时，王阳明学说也小心翼翼地流传到了朝鲜。

一开始，阳明学说的命运和在中国一样，也遭到了官方打压。明朝中后期，王阳明学说在中国士大夫中流行。朝鲜来华使者对此不理解，认为"阳明敢肆己意，谤辱朱子，实斯文之罪人也"。信仰阳明学说的高官李瑶曾因为与君王谈论阳明学说的利弊，被贬为平民，他郁郁寡欢地回到家乡开始了隐居生活。不仅如此，朝鲜朝廷的一些官员还专门组织人马，编辑书籍《异端辩正》《固知记》，称阳明学说为"异端"。

然而，真理终究经得起时间的检验。1906 年洪范图、车善道领导义兵起义。义兵的队伍迅速扩大，到1908年全朝鲜的240多个郡都有反日的义军在活动。他们不断袭击日军和日伪机构，给日本的统治势力带来极大困扰。值得一提的是，起义军的将领们都略通阳明学说。

李瑶、张淮、崔鸣吉等人虽然丢了官职，仍坚持不懈地向普通朝鲜老百姓宣传阳明学说；阳明学派的泰斗郑齐斗也曾避居江华岛，潜心研究怎样将阳明学说与朝鲜实际相联系，以谋求民族的独立，他们呼唤"知行合一"，鼓励每一个老百姓都要保家卫国，投身到杀敌战斗中；他们在战术运用上，充分利用王阳明"变"的思想，"兵无常势，水无常形"，采取游击战术，到处破坏交通公路线、铁路线，往往打得日军措手不及。

历代名人评价王阳明

徐渭：王羲之"以书掩其人"，王守仁则"以人掩其书"。

朱彝尊：诗笔清婉，书法尤通神，足为临池之模范。

王世贞：伯安之为诗，少年有意求工，而为才所使，不能深造而衷于法；晚年尽举而归之道，而尚为少年意象所牵，率不能深融而出于自然。其自负若两得。文章之最达者，则无过宋文宪濂、杨文贞士奇、李文正东阳、王文成守仁。理学之逃，阳明造基。王伯安如食哀家梨，吻咽快爽不可言；又如飞瀑布岩，一泻千尺，无渊淳沉冥之致。

李贽：呜呼！天生先生岂易也耶！在江西为三大忠，在浙江为三大人，在今古为三大功，而况理学又足继孔圣之统者哉？

张岱：阳明先生创良知之说，为暗室一炬。

沈德符：惟王文成以理学建安壤，遂开国封，固书生之希固书生之希构矣……乃知王文成真天植异禀，其用兵几同韩、白（韩信、白起），而见罗亦以良知余唾，妄希茅土，且兼十哲三良而有之，亦不知量矣。

黄宗羲：（王阳明）可谓震霆启寐，烈耀破迷，自孔孟以来，未有若此深切著明者也。

黄景昉：王新建（守仁）能用度外人，收罗甚富，如致仕县丞、捕盗老人、报效生员、儒士、义官、义民、杀手、打手等，皆在笼络奔走中，即土目亦为心死。大都眼高襟豁，从学问澄彻来。

魏禧：阳明先生以道德之事功，为三百年一人。

王士禛：王文成公为明第一流人物，立德、立功、立言，皆居绝顶。

纪昀：守仁勋业气节，卓然见诸施行，而为文博大昌达，诗亦秀逸有致，不独事功可称，其文章自足传世也。

张廷玉：王守仁始以直节著。比任疆事，提弱卒，从诸书生扫积年逋寇，平定孽藩。终明之世，文臣用兵制胜，未有如守仁者也。当危疑之际，神明愈定，智虑无遗，虽由天资高，其亦有得于中者欤。矜其创获，标异儒先，卒为学者讥。

邓之成：阳明以事功显，故其学最为扎实有用。

严复：夫阳明之学，主致良知。而以知行合一、必有事焉，为其功夫之节目。独阳明之学，简径捷易，高明往往喜之。

梁启超：他在近代学术界中，极具伟大，军事上、政治上，多有很大的勋业。阳明是一位豪杰之士，他的学术像打药针一般令人兴奋，所以能做五百年道学结束，吐很大光芒。

章太炎：文成以内过非人所证，故付之于良知，以发于事业者或为时位阻，故言"行之明觉精察处即知，知之真切笃实处即行"，于是有知行合一之说。文成之术，非贵其能从政也，贵乎敢直其身，敢行其意也。

孙中山：日本的旧文明皆由中国传入，五十年前维新诸豪杰，沉醉于中国哲学大家王阳明的"知行合一"说。

蔡元培：明之中叶王阳明出，中兴陆学，而思想界之气象又一新焉。

三岛毅：忆昔阳明讲学堂，震天动地活机藏。龙岗山上一轮月，仰见良知千古光。

东乡平八郎：一生低首拜阳明。

高濑武次郎：我邦阳明学之特色，在其有活动的事业家，乃至维新诸豪杰震天动地之伟业，殆无一不由于王学所赐予。

冈田武彦：修文的龙场是王阳明大彻大悟，并形成思想体系的圣地……阳明学最有东方文化的特点，它简易朴实，不仅便于学习掌握，而且易于实践执行。在人类这个大家庭里，不分种族，不分老幼，都能理解和实践阳明的良知之学。

胡哲敷：五百年来，能把学问在事业上表现出来的，只有两人：一为明朝的王守仁，一则清朝的曾国藩。

郭沫若：王阳明对于教育方面也有他独到的主张，而他的主张与近代进步的教育学说每多一致。他在中国的思想史乃至日本的思想史上曾经发生过很大的影响。

钱穆：阳明思想的价值在于他以一种全新的方式解决了宋儒留下的"万物一体"和"变化气质"的问题……良知既是人心又是天

理，能把心与物、知与行统一起来，泯合朱子偏于外、陆子偏于内的片面性，解决宋儒遗留下来的问题。……阳明以不世出之天姿，演畅此愚夫愚妇与知与能的真理，其自身之道德、功业、文章均已冠绝当代，卓立千古，而所至又汲汲以聚徒讲学为性命，若饥渴之不能一刻耐，故其学风淹被之广，渐渍之深，在宋明学者中，乃莫与伦比。

张岱年：阳明宣扬"知行合一"，强调躬行实践的重要，更提出"致良知"学说，强调人的主观能动性，提倡独立思考具有深刻的意义。

杜维明：王阳明继承和发扬光大了中国儒学特有的人文精神。他提出"仁者要以天地万物为一体"，就是要创造人与自然的和谐；他提出"知行合一"，就是要创造人与社会的和谐；他提出致良知，就是要创造人与自身的和谐。

附 一
《明史·王守仁传》

　　王守仁，字伯安，余姚人。父华，字德辉，成化十七年进士第
一。授修撰。弘治中，累官学士、少詹事。华有器度，在讲幄最久，
孝宗甚眷之。李广贵幸，华讲《大学衍义》，至唐李辅国与张后表里
用事，指陈甚切。帝命中官赐食劳焉。正德初，进礼部左侍郎。以
守仁忤刘瑾，出为南京吏部尚书，坐事罢。旋以《会典》小误，降
右侍郎。瑾败，乃复故，无何卒。华性孝，母岑年逾百岁卒。华已
年七十余，犹寝苫蔬食，士论多之。

　　守仁娠十四月而生。祖母梦神人自云中送儿下，因名云。五岁
不能言，异人拊之，更名守仁，乃言。年十五，访客居庸、山海关。
时阑出塞，纵观山川形胜。弱冠举乡试，学大进。顾益好言兵，且
善射。登弘治十二年进士。使治前威宁伯王越葬，还而朝议方急西
北边，守仁条八事上之。寻授刑部主事。决囚江北，引疾归。起补

兵部主事。正德元年冬，刘瑾逮南京给事中御史戴铣等二十余人。守仁抗章救，瑾怒，廷杖四十，谪贵州龙场驿丞。龙场万山丛薄，苗、僚杂居。守仁因俗化导，夷人喜，相率伐木为屋，以栖守仁。瑾诛，量移庐陵知县。入觐，迁南京刑部主事，吏部尚书杨一清改之验封。屡迁考功郎中，擢南京太仆少卿，就迁鸿胪卿。

兵部尚书王琼素奇守仁才。十一年八月擢右佥都御史，巡抚南、赣。当是时，南中盗贼蜂起。谢志山据横水、左溪、桶冈，池仲容据浰头，皆称王，与大庾陈曰能、乐昌高快马、郴州龚福全等攻剽府县。而福建大帽山贼詹师富等又起。前巡抚文森托疾避去。志山合乐昌贼掠大庾，攻南康、赣州，赣县主簿吴玭战死。守仁至，知左右多贼耳目，乃呼老黠隶诘之。隶战栗不敢隐，因贳其罪，令填贼，贼动静无勿知。于是檄福建、广东会兵，先讨大帽山贼。明年正月，督副使杨璋等破贼长富村，逼之象湖山，指挥覃桓、县丞纪镛战死。守仁亲率锐卒屯上杭。佯退师，出不意捣之，连破四十余寨，俘斩七千有奇，指挥王铠等擒师富。疏言权轻，无以令将士，请给旗牌，提督军务，得便宜从事。尚书王琼奏从其请。乃更兵制：二十五人为伍，伍有小甲；二伍为队，队有总甲；四队为哨，哨有长，协哨二佐之；二哨为营，营有官，参谋二佐之；三营为阵，阵有偏将；二阵为军，军有副将。皆临事委，不命于朝；副将以下，得递相罚治。

其年七月进兵大庾。志山乘间急攻南安，知府季敩击败之。副使杨璋等亦生絷曰能以归。遂议讨横水、左溪。十月，都指挥许清、赣州知府邢珣、宁都知县王天与各一军会横水，敩及守备郏文、汀州知府唐淳、县丞舒富各一军会左溪，吉安知府伍文定、程乡知县张戬遏其奔轶。守仁自驻南康，去横水三十里，先遣四百人伏贼巢左右，进军逼之。贼方迎战，两山举帜。贼大惊，谓官军已尽犁其巢，遂溃。乘胜克横水，志山及其党萧贵模等皆走桶冈。左溪亦破。守仁以桶冈险固，移营近地，谕以祸福。贼首蓝廷凤等方震恐，见使至大喜，期仲冬朔降，而珣、文定已冒雨夺险入。贼阻水阵，珣直前搏战，文定与戬自右出，贼仓卒败走，遇淳兵又败。诸军破桶冈，志山、贵模、廷凤面缚降。凡破巢八十有四，俘斩六千有奇。时湖广巡抚秦金亦破福全。其党千人突至，诸将擒斩之。乃设崇义县于横水，控诸瑶。

还至赣州，议讨浰头贼。初，守仁之平师富也，龙川贼卢珂、郑志高、陈英咸请降。及征横水，浰头贼将黄金巢亦以五百人降，独仲容未下。横水破，仲容始遣弟仲安来归，而严为战守备。诡言："珂、志高，仇也，将袭我，故为备。"守仁佯杖系珂等，而阴使珂弟集兵待，遂下令散兵。岁首大张灯乐，仲容信且疑。守仁赐以节物，诱入谢。仲容率九十三人营教场，而自以数人入谒。守仁呵之曰："若皆吾民，屯于外，疑我乎？"悉引入祥符宫，厚饮食之。贼大喜过望，益自安。守仁留仲容观灯乐。正月三日大享，伏甲士于门，诸贼入，以次悉擒戮之。自将抵贼巢，连破上、中、下三浰，斩馘二千有奇。余贼奔九连山。山横亘数百里，陡绝不可攻。乃简壮士七百人衣贼衣，奔崖下，贼招之上。官军进攻，内外合击，擒斩无遗。乃于下浰立和平县，置戍而归。自是境内大定。

初，朝议贼势强，发广东、湖广兵合剿。守仁上疏止之，不及。桶冈既灭，湖广兵始至。及平浰头，广东尚未承檄。守仁所将皆文吏及偏裨小校，平数十年巨寇，远近惊为神。进右副都御史，予世袭锦衣卫百户，再进副千户。

十四年六月，命勘福建叛军。行至丰城而宁王宸濠反，知县顾佖以告。守仁急趋吉安，与伍文定征调兵食，治器械舟楫，传檄暴宸濠罪，俾守令各率吏士勤王。都御史王懋中，编修邹守益，副使罗循、罗钦德，郎中曾直，御史张鳌山、周鲁，评事罗侨，同知郭祥鹏，进士郭持平，降谪驿丞王思、李中，咸赴守仁军。御史谢源、伍希儒自广东还，守仁留之纪功。因集众议曰："贼若出长江顺流东下，则南都不可保。吾欲以计挠之，少迟旬日无患矣。"乃多遣间谍，檄府县言："都督许泰、郤永将边兵，都督刘晖、桂勇将京兵，各四万，水陆并进。南赣王守仁、湖广秦金、两广杨旦各率所部合十六万，直捣南昌，所至有司缺供者，以军法论。"又为蜡书遗伪相李士实、刘养正，叙其归国之诚，令从臾早发兵东下，而纵谍泄之。宸濠果疑。与士实、养正谋，则皆劝之疾趋南京即大位，宸濠益大疑。十余日诇知中外兵不至，乃悟守仁绐之。七月壬辰朔，留宜春王拱樻居守，而劫其众六万人，袭下九江、南康，出大江，薄安庆。守仁闻南昌兵少则大喜，趋樟树镇。知府临江戴德孺、袁州徐琏、赣州邢珣，都指挥余恩，通判瑞州胡尧元、童琦、抚州邹琥、安吉谈储，推官王？、徐文英，知县新淦李美、泰和李楫、万安王冕、宁都王天与，各以兵来会，合八万人，号三十万。或请救安庆，守仁曰："不然。今九江、南康已为贼守，我越南昌与相持江上，二郡兵绝我后，是腹背受敌也。不如直捣南昌。贼精锐悉出，守备虚。我军新集气锐，攻必破。贼闻南昌破，必解围自救。逆击之湖中，蔑不胜矣。"众曰"善"。己酉次丰城，以文定为前锋，选遣奉新知县刘守绪袭其伏兵。庚戌夜半，文定兵抵广润门，守兵骇散。辛亥黎明，诸军梯纟亘登，缚拱嵒等，宫人多焚死。军士颇杀掠，守仁戮犯令者十余人，宥胁从，安士民，慰谕宗室，人心乃悦。

居二日，遣文定、珣、琏、德孺各将精兵分道进，而使尧元等设伏。宸濠果自安庆还兵。乙卯遇于黄家渡。文定当其前锋，贼趋利。珣绕出贼背贯其中，文定、恩乘之，琏、德孺张两翼分贼势，尧元等伏发，贼大溃，退保八字脑。宸濠惧，尽发南康、九江兵。守仁遣知府抚州陈槐、饶州林城取九江，建昌曾玙、广信周朝佐取南康。丙辰复战，官军却，守仁斩先却者。诸军殊死战，贼复大败。退保樵舍，联舟为方阵，尽出金宝犒士。明日，宸濠方晨朝其群臣，官军奄至。以小舟载薪，乘风纵火，焚其副舟，妃娄氏以下皆投水死。宸濠舟胶浅，仓卒易舟遁，王冕所部兵追执之。士实、养正及降贼按察使杨璋等皆就擒。南康、九江亦下。凡三十五日而贼平。京师闻变，诸大臣震惧。王琼大言曰："王伯安居南昌上游，必擒贼。"至是，果奏捷。

帝时已亲征，自称"威武大将军"，率京边骁卒数万南下。命安边伯许泰为副将军，偕提督军务太监张忠、平贼将军左都督刘晖将京军数千，溯江而上，抵南昌。诸嬖幸故与宸濠通，守仁初上宸濠反书，因言："觊觎者非特一宁王，请黜奸谀以回天下豪杰心。"诸嬖幸皆恨。宸濠既平，则相与媢功。且惧守仁见天子发其罪，竞为蜚语，谓守仁先与通谋，虑事不成，乃起兵。又欲令纵宸濠湖中，待帝自擒。守仁乘忠、泰未至，先俘宸濠，发南昌。忠、泰以威武大将军檄邀之广信。守仁不与，间道趋玉山，上书请献俘，止帝南征。帝不许。至钱唐遇太监张永。永提督赞画机密军务，在忠、泰辈上，而故与杨一清善，除刘瑾，天下称之。守仁夜见永，颂其贤，因极言江西困敝，不堪六师扰。永深然之，曰："永此来，为调护圣躬，非邀功也。公大勋，永知之，但事不可直情耳。"守仁乃以宸濠付永，而身至京口，欲朝行在。闻巡抚江西命，乃还南昌。忠、泰已先至，恨失宸濠。故纵京军犯守仁，或呼名嫚骂。守仁不为动，抚之愈厚。病予药，死予棺，遭丧于道，必停车慰问良久始去。京军谓"王都堂爱我"，无复犯者。忠、泰言："宁府富厚甲天下，今所蓄安在？"守仁曰："宸濠异时尽以输京师要人，约内应，籍可按也。"忠、泰故尝纳宸濠贿者，气慑不敢复言。已，轻守仁文士，强之射。徐起，三发三中。京军皆欢呼，忠、泰益沮。会冬至，守仁命居民巷祭，已，上冢哭。时新丧乱，悲号震野。京军离家久，闻之无不泣下思归者。忠、泰不得已班师。比见帝，与纪功给事中祝续、御史章纶谗毁百端，独永时时左右之。忠扬言帝前曰："守仁必反，试召之，必不至。"忠、泰屡矫旨召守仁。守仁得永密信，不赴。及是知出帝意，立驰至。忠、泰计沮，不令见帝。守仁乃入九华山，日晏坐僧寺。帝觇知之，曰："王守仁学道人，闻召即至，何谓反？"乃遣还镇，令更上捷音。守仁乃易前奏，言"奉威武大将军方略讨平叛乱"，而尽入诸嬖幸名，江彬等乃无言。

当是时，谗邪构煽，祸变叵测，微守仁，东南事几殆。世宗深知之。甫即位，趣召入朝受封。而大学士杨廷和与王琼不相能。守仁前后平贼，率归功琼，廷和不喜，大臣亦多忌其功。会有言国哀未毕，不宜举宴行赏者，因拜守仁南京兵部尚书。守仁不赴，请归省。已，论功封特进光禄大夫、柱国、新建伯，世袭，岁禄一千石。然不予铁券，岁禄亦不给。诸同事有功者，惟吉安守伍文定至大官，当上赏。其他皆名示迁，而阴绌之，废斥无存者。守仁愤甚。时已丁父忧，屡疏辞爵，乞录诸臣功，咸报寝。免丧，亦不召。久之，所善席书及门人方献夫、黄绾以议礼得幸，言于张璁、桂萼，将召用，而费宏故衔守仁，复沮之。屡推兵部尚书，三边总督，提督团营，皆弗果用。

嘉靖六年，思恩、田州土酋卢苏、王受反。总督姚镆不能定，乃诏守仁以原官兼左都御史，总督两广兼巡抚。绾因上书讼守仁功，请赐铁券、岁禄，并叙讨贼诸臣，帝咸报可。守仁在道，疏陈用兵之非，且言："思恩未设流官，土酋岁出兵三千，听官征调。既设流官，我反岁遣兵数千防戍。是流官之设，无益可知。且田州邻交阯，深山绝谷，悉瑶、僮盘据，必仍设土官，斯可藉其兵力为屏蔽。若改土为流，则边鄙之患，我自当之，后必有悔。"章下兵部，尚书王时中条其不合者五，帝令守仁更议。十二月，守仁抵浔州，会巡按御史石金定计招抚。悉散遣诸军，留永顺、保靖土兵数千，解甲休息。苏、受初求抚不得，闻守仁至益惧，至是则大喜。守仁赴南宁，二人遣使乞降，守仁令诣军门。二人窃议曰："王公素多诈，恐绐我。"陈兵入见。守仁数二人罪，杖而释之。亲入营，抚其众七万。奏闻于朝，陈用兵十害，招抚十善。因请复设流官，量割田州地，别立一州，以岑猛次子邦相为吏目，署州事，俟有功擢知州。而于田州置十九巡检司，以苏、受等任之，并受约束于流官知府。帝皆从之。断藤峡瑶贼，上连八寨，下通仙台、花相诸洞蛮，盘亘三百余里，郡邑罹害者数十年。守仁欲讨之，故留南宁。罢湖广兵，示不再用。伺贼不备，进破牛肠、六寺等十余寨，峡贼悉平。遂循横石江而下，攻克仙台、花相、白竹、古陶、罗凤诸贼。令布政使林富率苏、受兵直抵八寨，破石门，副将沈希仪邀斩轶贼，尽平八寨。

始，帝以苏、受之抚，遣行人奉玺书奖谕。及奏断藤峡捷，则以手诏问阁臣杨一清等，谓守仁自夸大，且及其生平学术。一清等不知所对。守仁之起由璁、萼荐，萼故不善守仁，以璁强之。后萼长吏部，璁入内阁，积不相下。萼暴贵喜功名，风守仁取交阯，守仁辞不应。一清雅知守仁，而黄绾尝上疏欲令守仁入辅，毁一清，一清亦不能无移憾。萼遂显诋守仁征抚交失，赏格不行。献夫及霍韬不平，上疏争之，言："诸瑶为患积年，初尝用兵数十万，仅得一田州，旋复召寇。守仁片言驰谕，思、田稽首。至八寨、断藤峡贼，阻深岩绝冈，国初以来未有轻议剿者，今一举荡平，若拉枯朽。议者乃言守仁受命征思、田，不受命征八寨。夫大夫出疆，有可以安国家，利社稷，专之可也，况守仁固承诏得便宜从事者乎？守仁讨平叛藩，忌者诬以初同贼谋，又诬其辇载金帛。当时大臣杨廷和、乔宇饰成其事，至今未白。夫忠如守仁，有功如守仁，一屈于江西，再屈于两广。臣恐劳臣灰心，将士解体，后此疆圉有事，谁复为陛下任之！"帝报闻而已。

守仁已病甚，疏乞骸骨，举郧阳巡抚林富自代，不俟命竟归。行至南安卒，年五十七。丧过江西，军民无不缟素哭送者。

守仁天姿异敏。年十七谒上饶娄谅，与论硃子格物大指。还家，日端坐，讲读《五经》，不苟言笑。游九华归，筑室阳明洞中。泛滥二氏学，数年无所得。谪龙场，穷荒无书，日绎旧闻。忽悟格物致知，当自求诸心，不当求诸事物，喟然曰："道在是矣。"遂笃信不疑。其为教，专以致良知为主。谓宋周、程二子后，惟象山陆氏简易直捷，有以接孟氏之传。而硃子《集注》、《或问》之类，乃中年未定之说。学者翕然从之，世遂有"阳明学"云。

守仁既卒，桂萼奏其擅离职守。帝大怒，下廷臣议。萼等言："守仁事不师古，言不称师。欲立异以为高，则非硃熹格物致知之论；知众论之不予，则为硃熹晚年定论之书。号召门徒，互相倡和。才美者乐其任意，庸鄙者借其虚声。传习转讹，背谬弥甚。但讨捕畲贼，擒获叛籓，功有足录，宜免追夺伯爵以章大信，禁邪说以正人心。"帝乃下诏停世袭，恤典俱不行。

隆庆初，廷臣多颂其功。诏赠新建侯，谥文成。二年予世袭伯爵。既又有请以守仁与薛瑄、陈献章同从祀文庙者。帝独允礼臣议，以瑄配。及万历十二年，御史詹事讲申前请。大学士申时行等言："守仁言致知出《大学》，良知出《孟子》。陈献章主静，沿宋儒周敦颐、程颢。且孝友出处如献章，气节文章功业如守仁，不可谓禅，诚宜崇祀。"且言胡居仁纯心笃行，众论所归，亦宜并祀。帝皆从之。终明之世，从祀者止守仁等四人。

始守仁无子，育弟子正宪为后。晚年，生子正亿，二岁而孤。既长，袭锦衣副千户。隆庆初，袭新建伯。万历五年卒。子承勋嗣，督漕运二十年。子先进，无子，将以弟先达子业弘继。先达妻曰："伯无子，爵自传吾夫。由父及子，爵安往？"先进怒，因育族子业洵为后。及承勋卒，先进未袭死。业洵自以非嫡嗣，终当归爵先达，且虞其争，乃谤先达为乞养，而别推承勋弟子先通当嗣，屡争于朝，数十年不决。崇祯时，先达子业弘复与先通疏辨。而业洵兄业浩时为总督，所司惧忤业浩，竟以先通嗣。业弘愤，持疏入禁门诉。自刎不殊，执下狱，寻释。先通袭伯四年，流贼陷京师，被杀。

守仁弟子盈天下，其有传者不复载。惟冀元亨尝与守仁共患难。

冀元亨，字惟乾，武陵人。笃信守仁学。举正德十一年乡试。

从守仁于赣，守仁属以教子。宸濠怀不轨，而外务名高，贻书守仁问学，守仁使元亨往。宸濠语挑之，佯不喻，独与之论学，宸濠目为痴。他日讲《西铭》，反覆君臣义甚悉。宸濠亦服，厚赠遣之，元亨反其赠于官。已，宸濠败，张忠、许泰诬守仁与通。诘宸濠，言无有。忠等诘不已，曰："独尝遣冀元亨论学。"忠等大喜，榜元亨，加以砲烙，终不承，械系京师诏狱。

世宗嗣位，言者交白其冤，出狱五日卒。元亨在狱，善待诸囚若兄弟，囚皆感泣。其被逮也，所司系其妻李，李无怖色，曰："吾夫尊师乐善，岂他虑哉！"狱中与二女治麻枲不辍。事且白，守者欲出之。曰："未见吾夫，出安往？"按察诸僚妇闻其贤，召之，辞不赴。已就见，则囚服见，手不释麻枲。问其夫学，曰："吾夫之学，不出闺门衽席间。"闻者悚然。

赞曰：王守仁始以直节著。比任疆事，提弱卒，从诸书生扫积年逋寇，平定孽藩。终明之世，文臣用兵制胜，未有如守仁者也。当危疑之际，神明愈定，智虑无遗，虽由天资高，其亦有得于中者欤。矜其创获，标异儒先，卒为学者讥。守仁尝谓胡世宁少讲学，世宁曰："某恨公多讲学耳。"桂萼之议虽出于媢忌之私，抑流弊实然，固不能以功多为讳矣。

附　二
王阳明年谱

1472 年　壬辰　宪宗成化八年九月三十日亥时，出生于浙江省余姚县龙泉山上之瑞云楼。

1482 年　壬寅　成化十八年，十一岁，随父亲王华（新状元）寓京师。

1488 年　戊申　孝宗弘治元年，十七岁，回余姚与诸氏完婚于江西南昌。诸氏，余姚人。

1489 年　已酉　弘治二年，十八岁，偕夫人回余姚，识娄一谅、信圣人必可学而致之。一改活泼性格，严肃求成圣人，格竹失败。

1492 年　壬子　弘治五年，二十一岁，举浙江乡试。明年会试下第，归余姚，结龙泉诗社，对弈联诗。

1497 年　丁巳　弘治十年，二十六岁，寓京师，苦学诸家兵法。想借雄成圣。

1499 年　已未　弘治十二年，二十八岁，举进士出身，二甲第七，观政工部。与七子倡和，是所谓泛滥词章时期。

1500 年　庚申　弘治十三年，二十九岁，在京师，授刑部云南清吏司主事。到直隶、淮安审决积案重囚。游九华山，出入佛寺道观。

1502 年　壬戌　弘治十七年，三十一岁，告病归余姚，筑室阳明洞天，静坐行导引术，能先知，后因其簸弄精神，不能成圣，摒去。

1504 年　甲子　弘治十七年，三十三岁，在京师，秋季主考山东乡式。九月改兵部武选清吏司主事。

1505 年　乙丑　弘治十八年，三十四岁，开门授徒，与湛若水定交。

1506 年　丙寅　武宗正德元年，三十五岁，上封事，下诏狱，谪贵州龙场驿驿丞。

1507 年　丁卯　正德二年，三十六岁，赴谪至钱塘，过五夷山，回越城。

1508 年　戊辰　正德三年，三十七岁，至龙场。大悟格物致知之旨。

1509 年　己巳　正德四年，三十八岁，在贵阳，受提学付使习书聘请主讲文明书院，始揭知行合一之旨。

1509 年　庚午　正德五年，三十九岁，三月任庐陵知县，十二月升南京刑部四川清吏司主事。路过辰州、常州时教人静坐补小学工夫。

1511 年　辛未　正德六年，四十岁，在京师，正月调吏部验封司清司主事。二月为会试同考官。十月升文选清吏司员外郎。

1512 年 壬申 正德七年，四十一岁，在京师，三月升考功清吏司郎中，黄绾、徐爱等几十人同受业。十二月升南京太仆寺少卿。据《大学》古本立诚意格物之教。

1513 年 癸酉 正德八年，四十二岁，赴任便道归省。十月至滁州，督马政。地僻官闲，日与门人游琅铘、襄泉间。新旧学生大集滁州。教人静坐入道。

1514 年 甲戌 正德九年，四十三岁。在南京教人存天理去人欲。

1514 年 乙亥 正德十年，四十四岁，在京师，拟《谏迎佛疏》未上。上疏请归，不允。

1516 年 丙子 正德十一年，四十五岁，在南京，九月，经兵部尚书王琼特荐，升都察院金都御使，巡抚南赣、汀、漳等处，平定征南王谢志山、金龙霸王池仲容等江西、福建、广东、湖广等地的暴动。

1517 年 丁丑 正德十二年，四十六岁，正月至赣，二月平漳，十月平横水、桶岗等地，行十家牌法。

1518 年 戊寅 正德十三年，四十七岁，正月征三浰，三月疏乞致仕，不允。平大帽、浰头。六月升都察院右都御使，荫子锦衣卫，世袭百户。辞免，不允。七月刻古本《大学》。刻《朱子晚年定论》。八月门人薛侃刻《传习录》。九月修濂溪书院，四方学者云集于此。

1519 年 己卯 正德十四年，四十八岁，六月，奉命勘处福建叛军，至丰城，闻宸濠反，遂返吉安，起义兵。旬日平宸濠。与前来平叛的宦官周旋。

1520 年　庚辰　正德十四年，四十八岁，在江西。王艮投门下，艮后创泰州学派。阳明自言在应付宦官刁难时全靠良知指引。

1521 年　辛巳　正德十六年，五十岁，在江西。始揭致良知之教。五月，集门人于白鹿洞。六月升南京兵部尚书。九月归余姚，封新建伯。

1522 年　壬午　世宗嘉靖元年。五十一岁，在绍兴（山阴）。正月疏辞爵，二月父王华死。丁忧。有御使承首辅杨廷和旨意倡议禁遏王学。

1523 年　癸未　嘉靖二年，五十二岁，在绍兴。来从游者日众。南京刑部主事桂萼议大礼得宠。

1524 年　甲申　嘉靖三年，五十三岁。在绍兴。四月，服阕，朝中屡有荐者。有人以大礼见问者，不答。十月，门人南大吉绪刻《传习录》。

1525 年　乙酉　嘉靖四年，五十四岁，在绍兴。夫人诸氏卒。礼部尚书席书力荐，不果。决定每月朔望在余姚龙泉寺之中天阁聚会生徒。十月，立阳明书院于越城西（山阴东）光相桥之东。

1526 年　丙戌　嘉靖五年，五十五岁，在绍兴。十一月庚申，子正聪生，七年后黄绾为保护孤幼收为婿，改名正亿。

1527 年　丁亥　嘉靖六年，五十六岁，在绍兴。四月邹守益刻《文录》于广德州。九月出征思田。天泉证道，确定四句教法。

1528 年　戊子　嘉靖七年，五十七岁。二月平思田之乱。七月袭八寨、断藤峡。十月乞骸骨，十一月二十九日发辰时，公历1529 年一月九日八时许，病逝于江西南安府大庾县青龙铺码头。